Meu Irmão Billy

Prefácio

Isso não é uma biografia. Um romance, talvez. Apenas Histórias familiares contadas pela testemunha ocular e familiar.

É sempre uma leitura pessoal subjetiva e controversa, fenomenológica, holística, pueril, piegas, emocional e nostálgica da nossa infância e juventude de 51 anos de vida em Brasília.

Para vocês ele, o Billy, era um grande ídolo, ou um alienígena, para alguns, que caiu na vibe, na bolha do mundo artístico.

Para um parente-irmão será para sempre o ***Toninho***, apelido dado pela minha mãe que tem nada a ver com seu nome, Renato.

Só vai entender o Billy, Negrete, Renato Rocha, abrindo a sua cozinha da casa onde nasceu, morou e cresceu, onde foi forjada o seu caráter, a sua vida, real.

Tudo que você gosta ou odeia nele tem raízes profundas na vivência na cidade onde cresceu, naquela época em que viveu, e na convivência na matriz social na sua família, essa sim, a base da sociedade, a base da personalidade onde o indivíduo baseia as suas escolhas, ou reflete e/ou rejeita-as, até por contraste, com aquilo a que ele foi exposto em sua formação familiar dentro do círculo fechado e umbilical familiar.

Mais do que uma simples instituição, a família é o molde que formata o caráter e dá as experiências de descoberta e afirmação da personalidade, para contestar e/ou para reforçar, reformar ou ratificar comportamentos.

Introdução

Quase sem querer....

Nascido e registrado com o nome civil de Renato da Silva Rocha, no dia 27 de maio de 1961, na cidade do Rio de Janeiro, no Estado do Rio de janeiro, filho mais novo de Sebastião Marques da Rocha, advogado e militar reformado do Exército brasileiro no posto de sub-oficial, e de Liseth da Silva Rocha, ex-professora aposentada, esteticista e instrutora de estética e beleza, é o mais novo de seus quatro irmãos, Henrique César da Silva Rocha, Roberto da Silva Rocha e Tânia Janete da Silva Rocha, pai de um casal: seu filho Renatinho e a sua filha Vitória.

Conhecido artisticamente pelo apelido de NEGRETE, em razão de seu desempenho excepcional como atleta jogador de voleibol em Brasília nos anos 80, apelido dado pela semelhança técnica com o jogador da seleção brasileira de voleibol, Negrete, famoso em sua época como atacante muito agressivo, posição igualmente ocupada por Renato nos times de voleibol em que jogou em Brasília como sócio-atleta dos clubes: Caixa Econômica, Banco do Brasil, Associação dos Previdenciários de Brasília, Minas Brasília Tênis Clube, entre outros, onde se destacou neste esporte; também obteve destaques e medalhas em outros esportes: tênis de mesa, Braço de ferro nas categorias de 90Kg e categoria absoluto no campeonato brasileiro, e, na capoeira.

Destacou-se também no bicicross onde atuou como adepto de corridas campestres e urbanas de obstáculos na bicicleta para provas de crosscountry, esporte que praticou com muita dedicação.

Cursou até a quarta série do ensino fundamental e cedo mostrou o seu talento nos esportes, mas vindo de uma família de músicos, começou a se interessar pela música quando a sua carreira de atleta começou a se atrapalhar com os obstáculos colocados para os atletas não-sócios que não receberam o mesmo apoio dos sócios-atletas efetivos dos clubes onde atuou, nesta época conheceu o clube dos músicos de Brasília que frequentavam a área da Colina da UnB os quais experimentavam novos sons do Rock rebelde vindos da Europa nas ondas do movimento Punk, representados em Brasília pelos grupos de rock Aborto Elétrico, Plebe Rude, Finis Africae, e Legião Urbana, entre outros.

Construiu o seu próprio baixo elétrico e começou a tocar nas bandas de Punk Rock que se anunciavam em Brasília, até que um convite de Renato Manfredini para participar da gravação do primeiro disco da Legião Urbana, em 1984, o apanhou de surpresa e que foi o início da carreira de cinco anos como legionário que se encerrou no ano de 1988.

Vindo de uma família de evangélicos e músicos as influências do Gospel não se deixaram de manifestar em seu modo de ferir as cordas de seu baixo elétrico, seu pai clarinetista, seu irmão mais velho tecladista, trompetista, acordeonista, flautista, cantor de coral, e os seus outros irmãos cantores de coral e de orquestras de sopro formaram o caldo de cultura musical aonde se inspirou Renato Rocha em sua brilhante carreira de cinco anos de músico profissional na Legião Urbana desde 1984 até 1988, onde deixou uma lenda e muitos grupos desde antigos Orkut.

Sumário

Rio de Janeiro

Falar da cidade Maravilhosa é fácil. Depois de 51 anos morando em Brasília nunca consegui gostar dali. Hoje moro em Itajaí, Santa Catarina, quase o paraíso na terra.

Rio de Janeiro foi o começo de tudo. Minha memória afetiva começa aos nove anos de idade em Deodoro, quando lembro da Escola Rosa da Fonseca, da igreja Batista Quinze de Novembro, - nem sei até hoje porque se chama assim – foi um mundo mágico morar nessa faixa de Gaza.

Éramos da classe média baixa, meu pai tinha o posto de sargento do Exército Brasileiro, morando num dos 4 edifícios destinado exclusivamente aos militares e funcionários civis do Exército Brasileiro, a faixa de Gaza cercados pelos 19 prédios de baixa renda muitos doados pelos governos estaduais e municipais da cidade do Rio de Janeiro para a erradicação das favelas existente antes da criação da fundação da habitação coletiva popular.

Quando fomos para lá, em Deodoro, o cenário era de guerra. O reboco dos prédios arrancados pelas explosões dos paióis das munições, bombas e granadas ocorridos antes que destruiu tudo no raio do depósito de munição do exército brasileiro, muito antigo ainda da época segunda guerra mundial.

Aquela explosão deixou meu amigo e irmão da igreja batista, Isaías, membro da igreja XV de novembro, com problemas psiquiátricos, ele gaguejava e tinha os olhos esbugalhados, resultante dos traumas psicológicos causados pelas gigantescas ondas de choque das explosões dos paióis de munição e armas do exército de Bangu.

Poucas pessoas sabem desta história, era época da ditadura militar e havia movimentos políticos radicalizados, desde Lacerda, Brizola, Getúlio Vargas e outros agitadores.

A escola Madre Benedita foi a primeira experiência adolescente. Tinha uma fauna carioca completa. Desde o menino bonito, a professora gatinha que assediava o menino Alcir, tinha as gangues e os mauricinhos e patricinhas.

A turma dos favelados que gostavam de bater, surrar 'osjarrinhas', e andavam em gangs para roubar e extorquir os meninos de classe média.

Aquilo é o subúrbio do Rio de Janeiro, onde atualmente foi construída uma parte das praças de jogos das Olimpíadas, era um campo de antenas de rádio de longo alcance do Exército. A gente cruzava aquele matagal para cortar caminho em direção â cidade de Nilópolis, antes da Escola de Samba Beija Flor, antes da era do Joãozinho Trinta.

Cada dia na escola era um exercício de negociação com todas as faunas e gangues para sobreviver e negociar o jogo de futebol na quadra da escola e acesso para passagem pelo bloco 19, em forma de S com quase um quilômetro de comprimento, separado em três andares inferiores e um andar com vão livre e três andares acima do vão livre.

A única passagem em direção à estação de trem Deodoro, e era controlado pelas gangues do bloco 19, então era sempre emocionante cruzar o bloco 19 de dia, nunca à noite.

As ruas eram todas de barro, sem asfalto e sem calçadas. Todas as sextas feiras tinham despachos de umbanda em esquinas, nas encruzilhadas no meio das ruas, e no sábado à noite a atividade era muito grande.

Eu sei disso, porque todos domingos e segundas feiras pelas manhãs, as ruas ficavam sujas com um balão de silicone esquisito, eram muitos deles, e eu nem sabia que eram camisinhas, camisas de vênus.

A igreja Batista XV de novembro era um centro de interação social muito importante para os adolescentes, jovens e adultos. Havia futebol soçaite e voleibol todos os sábados, e aos domingos tínhamos os serviços religiosos matutinos e noturnos.

A cerimônia de batismo foi inesquecível, aquele ritual de passagem aos onze anos de idade depois de fazer em público a manifestação de fé diante da igreja, muito alegrou aos meus pais, que eram batistas, meu pai desde o nascimento, e a minha mãe se converteu ao protestantismo aos 12 anos de idade.

Comecei a tocar bombardino na banda de sopro de música da igreja XV, meu pai era clarinetista desde jovem e era membro da diretoria executiva da igreja.

Meu irmão mais velho, César, era tecladista e acordeonista, tinha ouvido absoluto e era excelente arranjador, e harmonizador.

Podia tocar qualquer música apenas ouvindo ou com uma partitura, da primeira vez.

Gênio meio louco, sofria de esquizofrenia, possuía uma memória fotográfica, e era fabulista doente, ninguém acreditava nas suas mentiras, exceto ele e os desconhecidos.

As escolas públicas de ensino médio, antigo ginasial, eram escassas, por isso havia um exame de seleção de alunos chamado exame de admissão ao ginásio, curso ginasial.

Nós saíamos de Deodoro para Bangu e Realengo para estudarmos com uma professora particular para enfrentarmos os exames de admissão.

Não tínhamos aparelhos de televisão, mas havia um vizinho que possuía uma tv em reto e branco, então;

Pedíamos para assistir na casa deles, a tv, os programas: Nacional Kid, As Aventuras de Zorro, Rin Tim Tim, Bonanza, Daniel Boone, Superman, novelas e Chacrinha e sua Buzina, Cassino do Chacrinha, Far West, Tele Catch, principalmente, Jetsons, que me inspirou a estudar física e engenharia, James West, Os Três Patetas, Jetsons, Jonny Quest, depois brincávamos na rua em baixo dos blocos até as 22 horas.

Minha primeira namorada, uma baiana dois anos mais velha, 13 anos, me ensinou a beijar a andar de bicicleta.

A Adolescência

As meninas estão muito à frente dos meninos em maturidade; teve a Jocely, fazendo o cerco estratégico com a colaboração da sogra, investindo na abordagem da força da interação e do poder para me conquistar; assim, as meninas estavam atuando em bando, em coalizão com o sistema de informação e comando de estado maior das mulheres unidas na procura e na seleção dos rapazes promissores.

Nós, os meninos, ainda presos aos testículos, com ereção prematura permanentemente diária e noturna, não sobrava sangue para irrigar o cérebro, então as meninas disparavam a nossa vanguarda e eram muito mais agressivas na disputa pelo poder de controle das relações Inter sexual e interpessoais.

A disputa favorecia flagrantemente às meninas, quem tinham a última palavra na escolha do parceiro, que escolhia o menino que as escolheriam.

A grande arena de disputa era aguerrida; tinha as elites femininas das meninas gatas super lindas, e as elites dos rapazes; o centrão das menos bonitas e gostosas; e, as de baixo clero dentre as meninas e baixo status, que eram as feiosas, as gordinhas, ou as detentoras de deficiências, mas, as salvavam do abandono, a simpatia e a disponibilidade permanente.

Ser desprovida de atrativos não era a sentença final para a desvalorização, tem aquelas pessoas que se acham extremamente atraentes mesmo não o sendo, e tem as desprovidas de atrativos físicos que compensam largamente com muito carisma, inteligência, habilidades artísticas e esportivas, riqueza; a beleza nunca deu o juízo definitivo.

Gostava das gordinhas em especial, elas sempre eram boas de conversa e muito simpáticas, geralmente extremamente atenciosas e carismáticas.

As top girl eram extremamente arrogantes, descuidadas das relações públicas e desprezavam solenemente qualquer um que lograsse uma aproximação duvidosa.

A guerra era pelo rapaz de prestígio conquistado nos esportes; e entre as meninas, disputas na roupa, nos cabelos, na maquiagem, nas unhas pintadas e no porte físico.

Os adolescentes podem facilmente levar à falência e enlouquecerem os seus pais para sustentarem uma competição acirrada pelas marcas de Tênis, casacos, calças, vestidos, óculos, cortes de cabelo, maquiagem, então o sistema que eles construíram é cruel e frio, não perdoa os derrotados.

Nos subúrbios da cidade Maravilhosa as pessoas são conhecidas pelos apelidos, apelidos às vezes que elas mesmas desconhecem.

O Sr. Cícero, parecia um mago, cego, gostava de demonstrar suas habilidades para reconhecer as notas de cédulas de dinheiro pelo tato, percebia as menores nuanças no chão, uma vez disse à minha mãe que um colar de contas estava espalhado pelo chão, e nem havíamos percebido as contas espalhadas no chão por causa da ruptura do colar de pérolas.

Sr. Cícero atravessava as seis faixas da Av. Brasil sozinho, apenas prestando a atenção ao ruído dos veículos.

Suas acuidades visual e táctil eram impressionantes, eram mágicas.

A adolescência, de um jovem carioca, ou, fluminense, é um rito de passagem assustador.

A cultura da cidade não perdoa amadorismos, são 450 anos de depuração cultural desde os invasores franceses, aos índios tupinambás, Tamoios e tupis, Timbiras, caiçaras, essas raças extremamente ardilosas e versada em emboscadas e em dissimulação, - como precisa ser um caçador da selva Atlântica - extremamente habilidoso, esse sincretismo cultural com portugueses, e africanos criou um caldo de cultura que tem muitos nomes, um deles é a malícia e malandragem, seja lá o que significam essas coisas.

Tudo é profissional; ser bandido é ser um profissional, conhece o código penal e o código de processo penal, não mistura nunca os artigos: se é roubo não mistura com estupro e latrocínio, cada um em sua área.

As prostitutas têm código de conduta, não invadem o território congruente, nem são indiscretas, o segredo do cliente morre com ela.

Cada qual no seu quadrado, conhecimento do terreno para não invadir território estranho pode custar a sua vida, não tem vacilo, tem que acertar de primeira.

Eu nunca fui bom jogador de futebol, então era o goleiro ou o beque ser artilheiro, meio campo e lateral, jamais; os moleques eram muito bons, tudo profissa da pelada.

Meu melhor desempenho era no tênis de mesa e no voleibol.

Outros jogos sazonais eram a minha especialidade, como soltar pipa; fazer balão de ar quente com bucha; jogar bola de gude; jogar trava; andar de carrinho de rolimã, patinete; o bete, que era o beisebol brasileiro; piques, e brincadeiras noturnas mistas com as meninas; Pera, Uva, ou Maçã; giro da garrafa; queimado, amarelinha; cama de gato com barbante; biloca, jogo de palitos; tinha questionários para responder nos cadernos, - era o nosso whatsapp – escrito; tinham as modas sazonais: anel de casca de coco, colar de artesanato, chaveiros de fitas trançadas, cordões e colares, bengalas, bilboquê, canivete; talismãs de moda que eram feitos de pedras, ossos, madeiras; quebra-cabeças, bombinhas, estilingues, fundas, arco e flechas, tudo tinha o seu tempo.

A gente, os garotos, subia nas árvores mais altas, passava de uma para a outra árvore sem descer até o chão, era perigoso; pulava as grades da barreira de quatro metros de altura do talude de concreto armado que separava os blocos da frente do condomínio da avenida Brasil. Isso era garantia de tornozelo detonado e noite de dor durante o sono noturno.

Tinha as épocas, de férias, de pipas no verão, de bola de gude que era das mais animadas, ganhava muitas bolinhas nos jogos de azar para valer, então tinha muitas latas de leite em pó cheias de bolinhas de vidro, praticamente nunca comprava aquelas bolas, as ganhava no jogo.

Agente caçava nos córregos de Guadalupe e de Nilópolis; em Nilópolis havia muitas chácaras; meu pai tinha uma oficina mecânica automotiva lá.

Fui muitas vezes lá em Nilópolis, e novamente uma garota me iniciou no jogo da bolinagem sexual.

Foi constrangedor aquela adolescente pedindo para ver meu pênis e do meu irmão, incentivado pelo filho do sócio do negócio de oficina mecânica e de lanternagem do meu pai.

Inesquecível a primeira vez que uma garota pede para ver o seu membro, as garotas realmente amadurecem mais cedo do que os rapazes, eram muito mais espertas na manipulação emocional e memória afetiva, sabem que o poder feminino vem da vagina e seu controle de acesso.

A gente colhia girino de rã para ver a metamorfose da transformação em um espécime adulto em rã, que eram caçadas para serem assadas, as pernas; comíamos também abdômen das tanajuras, uma espécie de formiga que tem um enorme abdômen traseiro, que era frito e comido com farofa.

Tinha toda a série de objetos fabricados com madeiras que eram enfeites, punhais, totens, bengalas, feitos artesanalmente e eram modas, a gente produzia brinquedos que eu nem me lembro mais os nomes, eram desafios de armar, de encaixar e desencaixar um feito em formado de coração e que que entrava e saía de um aro de arame sem abertura, era um desafio mental e de habilidades manuais.

Quem inventava estas coisas? Ninguém sabe. Eu temo que essa cultura está perdida no tempo, pois o videogame suprimiu a criatividade e as habilidades sociais de nossa geração por completo.

Fazer pipas era meu hobby predileto, fazia muitas de uma vez e com desenhos coloridos, balanceadas para serem bem tenteadas no céu.

A agenda social de um garoto de subúrbio carioca ou fluminense é muito agitada e lotada de atividades, algumas que eu preferia nem contar, outras que meus pais jamais suspeitaram que nós fizéssemos, como andar pendurado do lado de fora de trens e dos ônibus lotados, ou fugir da escola apenas para passear de trem; pagar passagem de trem era para otário; com tantas falhas nos muros da estrada de ferro Central do Brasil, ou, da Leopoldina, era fácil ingressar pelas passagens nos buracos dos muros e caminhar pelos trilhos até a estação e embarcar clandestinamente nos vagões de passageiros.

As garotas iniciavam os meninos na vida sexual e sentimental, podia se ver a agitação nos comitês de avaliação feminino em que eram escrutinados secretamente os perfis dos rapazes, pelas exigentes garotas, que vetavam e censuravam os namorados das colegas, que sempre consultavam o conselho de seleção para terem a aprovação coletiva para começarem um relacionamento.

Do lado dos rapazes era muito diferente, homem não pode dispensar qualquer garota, fosse feia ou muito linda, dava mole tinha que pegar.

Com muita sorte pegava-se uma gostosa, ou a mais carismática da turma, mas as feias tinham uma vida sexual animada, tudo em segredo, ninguém assumia que estava pegando uma delas, pelo menos de público, as feias e as gordinhas casavam-se prematuramente e engravidavam também antes, mas quem as assumia?

Eram as regras do machismo juvenil, pegar todas e assumir só as top girl. Éramos obrigados a assediar as meninas com assobios, com palavras e frases bem provocativas, grosseiras e cheias de erotismo vulgar.

Era um mundinho complicado e cheio de regras não escritas de curso obrigatório entre as turmas de rapazes ou de moças, com estratégias e táticas diferentes.

Não eram comuns as disputas abertas pois evitava-se a disputa e os confrontos violentos então havia um protocolo complicado de sinais e gestos, de emulações e disfarces, discrição e movimentos coreografados e bem ensaiados para cumprir bem as formalidades socialmente aceitas.

Fomos socializados para um comportamento socialmente aceitável, ninguém se faz por si próprio, a formação do indivíduo é o resultado de todas as interações sociais.

Todo grupo social possui os seus valores sociais baseados nas expectativas de comportamento dos seus membros; então, a partir destes valores socialmente aceitos, o sistema social constrói a escala de status social que é atribuído a cada elemento como recompensa pela sua aceitação, e acatamento das regras e normas socialmente acordadas; a maioria delas são normas de comportamento não escritas e não faladas, mas são cobradas e observadas.

Não sei quantas pessoas o Renato Manfredinni consultou desesperado ao telefonema de lá dos estúdios do Rio de Janeiro, na gravadora de discos Odeon, quando precisou arrumar um baixista para a banda continuar as gravações.

Assim, eu estava em casa da minha mãe, dos meus pais, dos avós das minhas filhas Suzan e Ellen, era o ano de 1984.

Eu estava desquitado da mãe delas, Maria Eliene, piauiense, então, todos os dias eu passava por lá para almoçar e visitar as minhas filhas que moravam com a vovó Liseth, lá na SQN 708.

A mãe Eliene as abandonou depois que conheceu um cara e foi morar com ele em Mato Grosso e depois seguiram para a cidade de Saquarema.

O Gerusa recusou o convite de Renato Manfredini, para ocupar o cargo de baixista, ele não tinha o dinheiro para as passagens de avião nem as diárias de hotel, a Odeon não pagaria estas despesas até a prensagem do primeiro CD do Legião Urbana.

Então, eu estava almoçando quando meu irmão Toninho entra em casa e diz "perdi a chance de ir gravar o disco de Legião Urbana"; não era preciso nem repetir, eu fui até a agência da empresa aérea TransBrasil do Hotel Nacional e comprei a passagem de ida para ele e dei algum dinheiro para as despesas e hotel, e falei "some daqui e só volte com o CD gravado! "

Nem precisa esperar para ler até o fim deste livro para saber das coisas mais interessantes, aliás, tudo aqui é interessante, é o testamento e testemunho de uma época muito diferente, sem internet, videogames, celulares.

Negrete era imparável, o caçula da família uma vez pulou ou quase conseguiu pular da janela do apartamento do primeiro andar do bloco I da SQN 306, porque todos estavam trabalhando e ele ficara em casa sozinho com a irmã e como ele matava as aulas na escola Gisno na Asa Norte, ele estava de castigo e não podia sair para brincar.

Ele decidiu pular pela janela do primeiro andar, minha irmã por uma coincidência entrou no quarto e viu aquelas duas mãos que sustentavam o seu corpo do lado de fora da janela, pronto para despencar para baixo.

Ela puxou com todas as forças e evitou aquela fuga pela janela, ele já não frequentava as aulas, gazeteava, ora pulando o muro do Gisno – Ginásio Setor Noroeste, ou não comparecendo simplesmente à escola, acabou abandonando os estudos na 5ª série do primeiro grau.

Minhas filhas, nascidas em Brasília, eram pequenas, Suzan de 5 anos e Ellen de 4 anos de idade, foram filhas de um casamento tumultuado, fui o único a me casar na família, minha irmã não possuía ainda filhos, e o irmão mais velho era solteiro e celibatário, morreu aos 52 anos virgem e solitário em 2010.

Minha irmã que nunca se casou seguiu a sina de todas as filhas primogênitas dos militares e magistrados juízes, por uma legislação que permite herdar o salário integral quando da morte dos pais, então elas costumam não contrair matrimônio, assim permanece até hoje solteira, e com três filhos e uma neta.

São tantas informações que a partir delas o leitor já começa a entender a cabeça de um jovem negro, filho de militar e com quatro irmãos e criado em uma igreja Batista e que se muda do Rio de Janeiro para desbravar uma cidade que era apenas um canteiro de obras cheio de gente estranha com sotaque estranho, então não é tão simples como pode parecer ao iniciado na História de Brasília.

Meu pai estava na ativa do Exército, e estava quase sempre endividado com os agiotas, então vendo a oportunidade de se livrar deles no Rio de Janeiro aceitou a proposta de fazer uma troca com outro sargento que deveria mudar do Rio de Janeiro para Brasília.

Esta mudança envolvia alguns benefícios pecuniários, o Exército oferecia pagar o translado, mais a doação de todos os móveis da casa, moradia com uma taxa simbólica de manutenção, e mais três meses de salário de bônus, é preciso dizer que essa oferta do Exército para transferência nem era generosa, outros organismos estatais para atrair os servidores para Brasília ofereciam até dois anos de salários!

Então muitas esposas dos servidores transferidos para cá abandonavam seus maridos, não aguentavam a solidão do Planalto, fazendo surgir o fenômeno do agendamento de esposas vindas do Nordeste que eram agenciadas encomendadas para serem esposas que substituíram as fujonas.

Isso implicava em números fora da curva para a população extremamente carente diversão e ocupação social.

Não havia centros de lazer e o abastecimento de roupas e comidas era precário, a alimentação era provida pelos centros de abastecimentos municipais, como a SAB Sociedade de Abastecimento de Brasília, quanto as roupas as sacoleiras viajantes nos atualizavam com as novidades da moda. Foi a época de ouro da venda porta em porta de Avon, e outras empresas que já atuavam neste serviço.

Quando um sacoleiro chegava era a nossa festa, a única maneira de se abastecer de eletrônicos, roupas, sapatos atuais.

Muitas festas caseiras, havia clubes como Cota Mil, AABB, Iate Clube, Previdenciários, Minas Brasília Tênis Clube, mas as melhores festas eram nas casas e mansões. Quando chegávamos os donos nos recebiam com alegria porque fazíamos o sucesso com a nossa presença de audiência.

Éramos os ratos de festas, entrões (penetras), ou fura festas, chamados penetras discretamente tolerados.

Tinha uma grande pista de boliche e uma grande pista de autorama profissional muito disputada pelos boys da cidade situada no setor bancário norte.

A estação rodoviária era o principal ponto de turismo e passeio seguida da torre de televisão.

Toda interação social da classe baixa se dava aos domingos na estação rodoviária, e a classe alta se encontrava no centro comercial Gilberto Salomão no Lago Sul.

A classe média se encontrava nos restaurantes Beirute e Arabeske, na quadra 109 SUL.

O Hotel Nacional apresentava as festas mais top da cidade, havia muitos cassinos clandestinos nos setores de mansões do lago Sul, Gama, Santa Maria, Luziânia, Planaltina, Brazlândia e Águas lindas de Goiás.

A solidão agravou muitas características sociais dando números extravagantemente agudos ao DF, como maior índice de divórcios, de igrejas por habitante, consumo de bebidas por habitante, número de automóveis por habitante, consumo de roupas, sapatos, discos, cd, aparelhos de TV e som, tudo que pudesse suprir o vazio existencial, o que elevava o índice de suicídios, na contramão, a criminalidade era extremamente abaixo que qualquer cidade do Brasil.

Com cerca de 187 embaixadas, 513 deputados federais e 81 senadores, a representação das maiores empresas do Brasil e do Mundo, dos organismos multilaterais e internacionais, rapidamente o nível de escolaridade e de renda eram os mais altos do Brasil, o bairro do Lago Sul, onde estão as residências mais ricas possui o IDH de bairro mais alto do mundo.

Os salários do serviço público são os mais altos do Brasil. Assim, a desigualdade de renda é um paradoxo, com uma elite muito afastada da massa de assalariados, e o nível de educação com 72 faculdades, chegou rapidamente aos 5 milhões de habitantes somando a grande Brasília, e 3 milhões no DF. Já é a terceira cidade do Brasil.

Em 1960 o Distrito Federal tinha menos de 100 mil habitantes, só para ilustrar, possui 31 cidades satélites chamadas cidades de região administrativas, a cidade do entorno de Águas Lindas de Goiás que possuía em 2005 cerca de 6000 habitantes, hoje possui 180 mil habitantes e 160 bairros.

A Embratel começava a transmitir via satélite as emissoras mais famosas, Rede Globo, Tupy, Bandeirantes, havia programação local pela TV Rádio Nacional com programas de auditório. Onde artistas locais como Tio Darlan entretenia a molecada fazendo desenhos com as duas mãos, assim as novelas de tv que chegavam pelo vídeo tape passaram a ser sincronizadas.

Grandes estrelas nacionais saíram de Brasília, Nelson Piquet, Alex Dias Ribeiro, Roberto Pupo Moreno, João do pulo, Paralamas do Sucesso, Oswaldo Montenegro, Consuelo Badra, Ana Paula Padrão, Cássia Eller, Antônia Fontenelle, Patrícia Pilar, Maria Paula, Os Melhores do Mundo, Menos é Mais, Ney Matogrosso, Gustavo Lima, a Chacrete Mírian Cassino, O Denge do Planeta Xuxa, Jogadores de Futebol Flávio e Kaká, Simone do Vôley e cantora da MPB, locutores da Rede Globo famosos. Tinha o time de futebol do CEUB que ganhou projeção nacional, Fagner, o cantor compositor, grandes megaempresários como Luiz Estevão, Paulo Octávio, Wigberto Tartuce, Pedro Paulo.

A gastronomia e a medicina eram famigeradas, fatídicas, o maior hospital de Brasília era o aeroporto, restavam restaurantes escondidos longe dos jornalistas, do grande público, de excelente gastronomia, havia um destes lá na represa do lago Paranoá, Vila Planalto e outro em Planaltina, eram segredos bem guardados.

Com pouca gente e pouco a fazer o brasiliense desenvolveu bizarrices e comportamento histriônico, naquela mistura da elite cultural vinda dos estados do Rio de Janeiro e de São Paulo, em forte contraste com os nossos "texanos" de Goiás, Minas Gerais e os nordestinos, com exceção dos pernambucanos famosos pela sua forte tradição cultural essa a exceção aos estados mais ao norte.

Muito dinheiro e pouca civilização eram os fazendeiros goianos, que diziam "saio da roça, mas a roça não sai de mim", essa discreta disputa durou muitas décadas, até ser vencida pela onda sertaneja que engoliu o Brasil graças ao programa do Domingão do Faustão da Rede Globo.

A hegemonia cultural do Rio de Janeiro criou também um sotaque suave numa mistura do carioquês com o Mineirês, assim o sotaque brasiliense é um sincretismo nas elites diferenciado na classe baixa bastante marcado pelo sincretismo dos: sotaque cearense com sotaque goiano.

A elite brasiliense

Rapidamente a UnB começou a se destacar e a despontar na elite intelectual brasileira, antes do ENEN, PAS, cotas raciais e culturais.

O CEUB era o patinho feio das faculdades, mas já começava a investir na sua imagem com time de futebol poderoso e professores recrutados os órgãos de elite da administração pública deixava de ser a faculdade que vendia diplomas e começava uma carreira de prestígio, ao contrário da UDF que já tinha uma fama bem melhor.

Nos esportes motorizados Brasília estava na elite brasileira e sul americana, com seu alto poder aquisitivo e a vocação automobilística o brasiliense era composto de cabeça, tronco e rodas, no motocross e na velocidade já começavam a se destacar pilotos como um tal de Nelson Souto Mayor, Alex Dias Ribeiro, Roberto Puppo Moreno, que seriam mais tarde três ases brasileiros da Fórmula Um internacional.

Na música os festivais lançaram nacionalmente o menestrel brasiliense carioca Osvaldo Montenegro, dos festivais organizados pelo Colégio Objetivo e Colégio Alvorada.

A música em Brasília tem um capítulo especial na vida brasiliense, desde a fundação de Brasília as artes ocupam um papel central na vida sentimental e psicológica da população carente e solitária.

A solidão do deserto do Planalto já foi tema de muitas monografias dos departamentos de Ciência da Universidade de Brasília, assim como dos departamentos de Psicologia, Sociologia e Comunicação, seria interessante liberarem e publicarem estes trabalhos, porque pelo menos um deles estava sob censura do governo militar, sobre a criação da cidade de Ceilândia, cujo nome vem da sigla CEI Campanha de Erradicação das Invasões de terrenos por favelados principalmente do Ceará, Maranhão e Piauí.

Era uma campanha secreta sigilosa para a esterilização em massa de mães adolescentes que já estavam no terceiro ou o quarto filho, sem parceiro fixo e renda zero, assim, o DF atingiu com isso o mais elevado índice de fertilidade internacional. Então, organismos internacionais patrocinaram e co-financiaram um amplo programa de esterilização sem que as mães soubessem que estavam sendo esterilizadas por ocasião do parto do segundo ou terceiro filho ou mais.

Grandes segredos se escondem todas as vezes que trabalhos sobre a sociologia de Brasília é exposta.

Um outro trabalho de um aluno de Economia da Faculdade Católica onde foi narrada uma história sobre um casal de alunos que namoravam entre si e que se separaram por causa do prefixo de telefone. O homem morava na Asa Sul, o prefixo da sua namorada era de Taguatinga, cidade satélite.

Naquela época não havia telefone móvel, e os prefixos dos telefones fixos já eram a avaliação de crédito automático, por causa da segregação espacial econômica da capital. Para cada cidade tinha um prefixo único.

Gente rica morava no Lago Sul e Norte, Nas Asa Sul e Asa Norte, gente pobre morava nas cidades satélites.

Assim, um empregador poderia saber exatamente o padrão de renda e até a origem do estado ou região de onde a pessoa proveio pelo prefixo do telefone fixo.

Lugares marcados para cada estilo de vida, não era apenas uma segregação espacial econômica, eram territórios demarcados pelo estilo de vida e status social, econômico, étnico.

O restaurante Beirute era a vanguarda do pensamento de esquerda, dos intelectuais e jornalistas de esquerda, desencanados, boêmios, escritores, poetas, diversidade sexual, estudantes e viciados.

A confeitaria Praliné era o point das socialites tomarem um chá e acertarem as agendas sociais da alta sociedade e conferir quem estava nas colunas sociais do jornal Correio Brasiliense. Provavelmente colunas pagas pelos protagonistas.

A pizzaria Dom Bosco era o espaço dos descolados onde se acertavam as agendas dos rapazes do mundo da fumaça dos motores de carros, barcos, motos, ultraleves, paraquedistas, asa delta, surfistas, skatistas, autogiro, Wind surf, paraglide, esqui aquático, moto aquática, motocross, motos esportivas.

Brasília possui a segunda maior concentração de embarcações esportivas do Brasil para uso no lago Paranoá, com pouco mais de 20 km de comprimento e sete de largura na parte central.

Esse não é um livro biográfico, conforme antecipei na introdução, nem segue uma linha do tempo, é apenas um livro de memórias, um romance da vida real, com pitadas de sociologismo, afinal eu sou mestre em ciência política.

Quando criança meu irmão Billy, ou, Toninho, que era como chamávamos, era meu seguidor como irmão caçula, eu o entronizei nas festas de disco, meu gosto musical começou em casa com discos de clássicos e eruditos, meu pai tinha uma coleção de músicas com Brahms, Beethowen, Chopin, Strauss, Wagner, Mancini, Tchaikovsky, Bach, Henderson, Stravinsky, Salieri, Wagner, Schulman, Mantovani, Debussy, Handel, Puccini, tivemos uma forte formação clássica erudita, nas escolas públicas do Rio de Janeiro havia canto coral e aulas de instrumentos musicais.

Na igreja Batista de Tauá, na Ilha do Governador, perto do Morro do Dendê, tínhamos a orquestra de sopro, onde meu irmão mais velho, Henrique César tocava trombone e eu bombardino e trompete, uma pequena tuba, a nossa orquestra era ensaiada e regida por um velho músico aposentado da polícia militar do Rio de Janeiro.

Chegados à cidade de Brasília fomos apresentados à principal igreja Batista do DF, a Igreja Memorial Batista, onde frequentam os principais membros dos poderes que são evangélicos batistas.

As igrejas batistas se caracterizam pelos cultos sem participação espontânea dos presentes, não existem gritos nem manifestações de exaltação, nem coleta de dinheiro aos presentes, existe uma liturgia muito discreta e reverente.

Esta igreja construiu o templo com doações de igrejas batistas de todo o Brasil para ser um símbolo nacional, e teve uma doação especial de igrejas e de um milionário crente norte americano.

Como sempre sentimos a enorme diferença de clima emocional acostumados que estávamos com a vibração e o calor dos cariocas, então não tardou a percebermos que seria um ambiente muito frio e com distanciamento amistoso, fraternal e até mesmo cristão.

Este clima propiciou a que ficasse bem marcado o início da mudança de comportamento em todos os membros da família.

Os meus irmãos conseguiram alguns construírem relacionamentos com alguns membros da igreja, muito fraternal, mas na maioria dos casos os membros eram de outros estados, de diversos status sociais, haviam deputados federais, senadores, governadores, membros dos tribunais de contas da União, três comandantes dos Bombeiros Militares do DF, muitos oficiais superiores das forças armadas, e até um secretário de Educação do Distrito federal, o primeiro e único negro a ocupar esta pasta até a presente data.

Todos os três primeiros comandantes dos Bombeiros Militares do Distrito Federal saídos do Rio de Janeiro, eram amigos pessoais dos meus pais desde o Rio de Janeiro, e naquela quadra histórica muitos oficiais ingressaram sem concursos públicos como era costume nos órgãos públicos, na polícia civil por absoluta falta de pessoas para serem recrutadas e habilitadas, assim eram os professores e diretores de escolas públicas, polícia militar, então faltava gente para ocupar todos os postos e cargos públicos, como acontece com o Canadá e Austrália.

Brasília era terra de ninguém, parecia que não ia dar certo, o lago Paranoá não enchia, os jornais cariocas criticavam pesadamente a mudança da capital do Rio de Janeiro para o Planalto, em apenas cinco anos a cidade teve que ser concluída e inaugurada, e assim foi feito.

Moramos na SQN 306, dava para ver a torre de TV desde a base até o topo lá de casa, a avenida W3 Norte não era pavimentada, havia muita poeira, a avenida L2 Norte nem estava desbravada, porque as avenidas Leste Sul e Norte L2 Sul e L2 Norte não faziam parte do plano de Lúcio Costa inicial para a Capital, foram improvisadas e os primeiros prédios da L2 Sul, aqueles sem pilotis, eram improvisados e seriam demolidos posteriormente à construção pois eram para abrigarem provisoriamente os construtores da cidade, assim como as casas da W5 Sul, não constavam do Plano de Lúcio Costa, provisoriamente construídas pra abrigarem os construtores, as cidades de Candangolândia, Núcleo Bandeirante e Vila Planalto eram acampamentos provisórios que seriam demolidos posteriormente à construção da Cidade de Brasília; o Bairro do Lago Sul começou sem ter sido previsto pelo Plano de Lúcio Costa também, então os militares da FAB Força Aérea que trabalhavam e serviam na Base Aérea Militar começaram a construir suas casas ali para ficarem mais próximos do local de trabalho, assim nasceu o Lago Sul, e por Simetria Nascia o Lago Norte também.

Nasceu a invasão de terras que seria a cidade de Taguatinga, para remover os favelados que estavam na Vila Planalto, Núcleo Bandeirante; O aeroporto primordial funcionava anteriormente atrás da antiga estação ferroviária antes da construção do aeroporto de Brasília.

O melhor local de lazer de Brasília era em Goiânia, mas ficava a 200 km de distância, mas assim mesmo era a cidade mais perto que se poderia contar com equipamentos urbanos e de diversão.

Desde os primeiros dias a Cidade de Brasília foi a Capital da Ostentação, pelos motivos já citados, grande concentração de autoridades, e poder, isso chamou a atenção para os aventureiros do mundo inteiro.

As grandes festas eram regadas a muito luxo na comida, bebida, roupas, carros, joias, prostitutas, e muita droga.

Vinham vedetes importadas de todas as partes do mundo para serem acompanhantes, bailarinas, atrizes, rendas milionárias, que eram muito bem pagas e acolhidas nos rituais, bacanais, orgias sexuais, religiosas, tântricas, fetichismo, xamanismo, misticismo, esoterismos, Brasília é também a capital do Esoterismo e do Exotismo.

Com a maior quantidade de templos religiosos e seitas por habitante no Brasil, as opções litúrgicas são inesgotáveis, mais de 2000 igrejas protestantes, e um número maior de templos católicos e outras derivações e alternativos religiosos.

Ali no DF tinham as tribos, e cada um procurava a sua turma, os skatistas, os maconheiros, os mauricinhos alunos do Colégio Marista, do Colégio Dom Bosco formando as elites, mais tarde a Escola Americana, tinham as escolas públicas internas às superquadras da elite cujo ingresso era apenas possível por recomendação secreta, onde toda sorte de burocracia impedia que alguém fora do círculo social fosse acidentalmente matriculado ali, embora fossem públicas.

A disparidade socioeconômica do DF é de tal ordem letal que o setor de Embaixadas e o Lago Sul possui os maiores indicadores mundiais de IDH de bairro com maior renda per capta, maior nível de escolaridade, maior quantidade de piscinas, maior concentração de PIB porque ali moram os embaixadores de todos os países.

Foi nesse ambiente que o Negrete começou a se enturmar, através do Rock, os filhos dos diplomatas eram as únicas referências e fontes de informação sobre o que estava sendo tocado e cantado no exterior, justamente por causa do regime militar e as suas políticas de nacionalismo exacerbado que proibia importações e a entrada de influências estrangeiras na cultura brasileira e a falta de uma rede nacional de comunicação de mídias, também do provincianismo da Rede Globo de TV, das maiores redes de rádio FM, dos jornais e revistas em língua portuguesa que ignoravam totalmente o que estava acontecendo na Europa e EUA.

Eu passei a juventude inteira curtindo as músicas disco e rock sem ver o rosto dos protagonistas, cantores, bandas porque não havia programas, filmes, shows e revistas tratando deste tema.

O Show dos irmãos Jackson, Jackson Five, foi um desastre, eu comprei os ingressos, e no dia do show houve tumulto e o show aconteceu depois de ser suspenso, por motivos técnicos, no Ginásio Nilson Nelson, no dia anterior, e liberado com os portões abertos no dia seguinte!

Brasília não fazia parte do roteiro dos grandes shows de música, teatro, cinema embora os artistas gostassem de vir se apresentar aqui pela vibração do público e do enorme poder aquisitivo da população que consumia arte.

Negrete começou a se desligar da minha companhia de fim de semana quando começou a frequentar a casa de gente da elite como o punk chamado André Pretorius, o filho do embaixador da África do Sul, a turma da Colina e os grupos punk rock de Fê, Dado, Seabra, Bonfá, quase todos eram filhos de diplomatas, e Negrete, o filho de um militar, suboficial de exército.

Começou Negrete a frequentar o círculo do rock punk na Colina da UnB, dali a turma do rock e do Pop brasiliense começou a tomar fama local.

Muitas bandas, provavelmente mais de setecentas bandas, começaram a se formar em Sobradinho, Cruzeiro, Asas Sul e Norte, Lagos Sul e Norte, Planaltina, Gama, Brazlândia, Candangolândia, Ceilândia, Núcleo Bandeirante, Samambaia, Guará I e II, Paranoá, Taguatinga, Planaltina, Vila Planalto onde nasceu o famoso samba vendido por um compositor anônimo para o sambista Martinho da Vila que todos cantavam lá nos botecos "já tive Mulheres" - Mulheres.

O tempo dos grandes corais sinfônicos; tinha o coral Madrigal da Escola de Música de Brasília, fundado pelo maestro Livino de Alcântara, amigo da nossa família desde o Rio de Janeiro; o coral do SESI, do qual eu e meus irmãos participaram, cantando para o Presidente dos EUA nos Palácios do Planalto e Alvorada, Itamaraty, Teatro Nacional de Brasília, Teatro Municipal do Rio de Janeiro, Inauguração do SESI de Ceará em Crateús, Tournée pelos Estados do Sul do Brasil, e Nordeste, gravando um disco sinfônico, e fazendo apresentações no programa da Rede Globo para música erudita, Assim, a vida artística musical de Brasília possuía grandes precursores nacionais e internacionais.

A evasão de cérebros de Brasília é um fenômeno e uma tragédia, porque Brasília não possui grandes empresas para empregar gente de alto nível de engenharia exceto a IMBEL, e a maior fabricante de modem da América do

Sul da sua época passada a COENCISA, somente, recentemente, conseguiu estabelecer a competência mínima na área de hospitais.

Na tecnologia continua a grande formação de tecnólogos de alto nível que deixam a cidade, como meu orientador do curso de engenharia elétrica que foi parar na CIA nos EUA para desenvolver uma família de algoritmos para a digitalização de sinais eletrônicos analógicos e também para desenvolver algoritmos de criptografia.

Brasília era muito mal avaliada fora da capital Federal, e não era para menos, no início os policiais eram analfabetos, alguns professores tinham apenas o primeiro grau, eu tive professores na UnB que eram alunos por causa da devastação que o banimento dos professores de esquerda que foram presos ou fugiram da perseguição política da era da Ditadura Militar.

O nível do corpo docente da UnB caiu muito de nível, e só não prejudicou ou aprendizado devido ao alto nível dos alunos garimpados pelo vestibular mais difícil do Brasil perdendo em grau de dificuldades apenas para os institutos de nível do IME, ITA, USP, UNICAMP.

Assim, a UnB ia trilhando o caminho inverso de Brasília em prestígio nacional, então alguns atletas começavam a chamar a atenção do mundo, com o grande feito de um jovem saído das favelas da Ceilândia que ganha medalha de ouro olímpico de 1984, nos 800 metros, o jovem chamado Joaquim Cruz. Todos queriam sabem como era Ceilândia, como era viver e morar em Brasília, como se formam campeões na terra dos ratos e dos calangos, seca como o Deserto de Sinai e sem praias.

Nunca entendi como a comissão Cruls, a Comissão oficial incumbida de encontrar um local para a construção da capital interior do Brasil, essa comissão escolhe um local sem rios, sem lagos, sem lagoas, sem fonte de águas.

O presidente do Brasil Juscelino Kubitschek de Oliveira decidiu iniciar a construção da nova capital em 1960 conforme indicava a relatoria da comissão Cruls, infelizmente em um local não aprazível à existência humana, sem um grande rio ou grande lago natural que pudesse servir de fonte de água potável, com um clima extremamente hostil, com um período de seca prolongada de seis a oito meses, com um período de chuvas prolongadas de seis a oito meses, com basicamente duas estações bem marcadas no ano, este lugar inóspito foi se modificando pela ação antrópica através da presença humana, da construção de um imenso lago artificial, do represamento de rios, Rio Descoberto, para obter água potável para a cidade localizada nas divisas Goiás-Minas Gerais.

Foi estabelecido um concurso de disputa entre arquitetos para elaborar o projeto vencedor para o desenho urbano da cidade de Brasília, vencido pela equipe do arquiteto urbanista Lúcio Costa, que desenvolveu a ideia de um formato de cruz recurvada, e a ideia de organização da cidade em setores separados para habitação, serviços e indústria.

O desenho básico da cidade é de separação de setores: habitacional de prédios, habitacional de casas, setor comercial, setor hospitalar, setor de industrial e de reabastecimento, setor de grandes garagens, setor bancário, setor de transporte, setor de igrejas e escolas, aeroporto, setor de mansões e chácaras.

Nos grandes setores existe uma pequena área reservada para pequenas lojas de atendimento localmente com 10 a 20 metros quadrados, mesmo no comércio local das superquadras residenciais com gabarito de altura obrigatório e produz uma paisagem regular e monotônica.

Uma vez tomada a decisão de construção da cidade, quando se teve um plano completo, a execução foi extremamente rápida e muito precisa, em apenas três anos a cidade estava funcionando como a capital do Brasil, e em cinco anos os principais aparelhos urbanos estavam instalados, e a migração começou aceleradamente e continua até os dias de hoje, graças principalmente à tenacidade e ao empenho extraordinário dos pioneiros candangos que suportaram a enorme solidão e o isolamento durante os tempos pioneiros.

Brasília é uma fonte permanente e rica de estudos de como se constitui uma comunidade de pessoas únicas que vieram dos 26 estados de todo o Brasil (26 sotaques, 26 culinárias, 26 sistemas sociais, 26 modas de vestuário) 190 embaixadas e consulados do mundo todo, escritório de todas as empresas estatais brasileiras e grandes empresas privadas, representação de mais de 5000 sindicatos e de federações e confederações sindicais, é um experimento antropológico único, parecido com a mistura e miscigenação acontecida em São Paulo, que levou muitas décadas, onde além dos brasileiros de todos os estados São Paulo recebeu colônias de todos os lugares do mundo, todas as culturas, religiões, línguas, etnias, migrantes de toda parte, como a cidade de New York.

Um experimento como Brasília tinha todos os ingredientes para ser um enorme fracasso, e milagrosamente deu certo, principalmente por causa da enorme resiliência dos nordestinos, que provaram a enorme capacidade de suportarem os maiores sacrifícios, isolamento, solidão, basta se imaginar que no primeiro ano havia 80 mil homens operários, e apenas umas 10 mil mulheres, muitas confusões, sem lazer, teatro, um simples botequim, sem comércio, sem restaurantes, sem escolas, e assim permaneceu por algumas décadas, onde o melhor hospital de Brasília era tomar um avião e sair depressa para procurar um atendimento em uma cidade próxima, onde comércio de roupas, sapatos, maquiagem, cosméticos, joias, relógios, perfumes, livros, e bolsas eram supridos pelas sacoleiras, que salvavam a população de ficarem sem estes itens de conforto de primeira necessidade.

São coisas que não são cogitadas pelos criadores urbanos, quando, como e onde as pessoas vão se divertir, talvez por isso Brasília ostentou por muitas décadas a cidade com os mais altos índices de consumo de: discos fonográficos, filmes fotográficos, equipamentos de som, automóveis, livros, revistas, jornais, bebidas, cigarros, a maior variedade de templos e religiões as mais diversas e exóticas, Brasília foi a capital brasileira dos divórcios e dos casamentos.

Brasília criou dois movimentos religiosos inéditos e originais no mundo: a Cidade Eclética, e Dona Tia Neiva e seus seguidores do Vale do Amanhecer.

São disfunções facilmente percebidas como ligadas à falta de opções de lazer e de distanciamento social justamente por causa da diversidade cultural e choque de culturas com sotaques diferentes, comidas diferentes, comportamentos diversos, e a população atirada nesse caldeirão que teve que aprender a conviver com extremos de liberalidade sexual dos cariocas contra o conservadorismo extremos dos nordestinos do interior, com a opulência exagerada dos goianos, com a discrição da opulência mineira, com a arrogância indiscreta dos gaúchos, e assim a população teve que aprender e tolerar as suas diferenças.

Vivem os brasilienses a segregação espacial econômica produzida pela geografia espacial da cidade consequência da arquitetura urbana que separa as habitações em bairros exclusivos por: mansões, para casas populares em cidades populares, em setor de embaixadas, em superquadras residenciais exclusivas para militares do exército, marinha, aeronáutica, fuzileiros navais, bombeiros, generais, oficiais superiores, servidores separados por repartição pública como funcionários públicos federais, estaduais, policiais, e por classe de renda.

Quadras para os Ministros, quadras para senadores federais, quadra para deputados federais segregados do restante.

Foi um tipo de organização das moradias onde em um único bloco moravam funcionários públicos de um único ministério, ou repartição governamental como por exemplo, um bloco uma quadra ou superquadra para funcionários do Itamaraty, ou do ministério da Educação e Cultura, e mesmo para cada repartição pública federal ou estadual.

Às vezes eram segregados por categoria profissional, como uma quadra ou superquadra ou bloco residencial exclusivamente para professores, como a famosa colina da UnB, um conjunto de prédios residenciais, onde moravam os professores universitários da Universidade de Brasília.

Milhares de "papers" e livros foram escritos pelos brasilienses sobre Brasília, alguns textos permanecem inéditos e alguns sigilosos e reservados, porque podem ainda causar polêmica e revolta por causa dos temas abordados - alguns ainda tabus, - outros podem ser considerados até ofensivos às minorias étnicas, regionais e sociais.

Assim Brasília foi construída no meio do nada, depois se arranjou um lago artificial para aumentar a humidade, se buscar captar gua potável no estado de Goiás, em Águas Lindas, com a barragem do Rio Descoberto a 55 quilômetros distância da Estação Rodoviária no Centro da Cidade.

As críticas contra a construção da Capital nem precisavam procurar o insólito, lá em Brasília tudo era insólito, o clima seco com duas estações no ano, seis meses de seca e seis meses de chuvas, o solo frágil com muitas cavernas subterrâneas que provocavam voçorocas e desabamentos de terra.

Da SQN 306, Super Quadra Norte 306, saíram pessoas importantes para Brasília: uma vice miss Brasília, Miss Valéria, gaúcha, morena de olhos verdes; a Chacrete Mírian Cassino; O Negrete; O Secretário de Educação, negro, ex sargento Robson; o Cartunista Kácio do Correio Braziliense; o Praga do programa Planeta Xuxa; Sargento Sílvio Rollembach; Márcia Witzak apresentadora na Rede Globo DF; teve até um milionário ganhador da Loteca.

Muitos ex sargentos do Exército voltando para a escola depois da aposentadoria do quartel e se formando em Direito pelo CEUB, todos ex vizinhos na SQN 306.

O foyer do Hotel Nacional, o Restaurante Cape Dien, restaurante Roma eram os espaços dos lançamentos de livros juntamente com a galeria do Teatro Nacional de Brasília.

Na era Discothec a boate Zoom era o point da classe média e dos jovens da cidade, os ricaços e coroas socialites ficavam nas boates Kako e Shalako.

Nessa fase dos anos 80 o meu irmão Negrete ficava com a minha motocicleta Honda Turuna 125cc roletando o dia todo nos fins de semana pela cidade, ele era menor de idade e já pilotava muito bem as motos.

Neste ano anterior, 1979, eu começava uma prometedora carreira de analista de sistemas computadorizados e de programador de computadores eletrônicos no ministério da Saúde na FSESP, foi o meu primeiro concurso público, eu comecei a cursar Engenharia Elétrica na UnB, durante o final do regime de ditadura militar, o que acrescentava muitos sustos durante a permanência no campus da UnB.

Aqueles dois quilômetros do ICC Instituto Central de Ciências foi o palco de muitas incursões de agentes da repressão militar política que investiam nos diretórios acadêmicos.

Interessante, às vezes algum agente do SNI ou de outro sistema de coleta de informação e de espionagem ficava ali misturado disfarçado entre os alunos nos espaços dos auditórios, nas salas de aula e nos anfiteatros que é como se chamavam as grandes salas de aula com galerias para mais de cem pessoas.

Era muito fácil identificar estes agentes, pois era diferente ver uma pessoa da classe alta de Brasília, como era a composição sócio econômica da UNB década de 80 onde 90 por cento dos alunos moravam nos Lagos Sul e Norte, e Mansões Park Way, nas asas Norte e Sul, com a cara de proletariado os agentes nem sequer usavam as mesmas marcas de roupas e de tênis da fauna universitária.

Eu era exceção no meu curso de Engenharia Elétrica, era o único estudante negro no curso de engenharia elétrica, e na minha turma de 50 alunos havia uma única aluna mulher.

Me destacava no campus por onde eu circulava porque eu era das exceções de alunos que trabalhavam, eles eram mauricinhos que passavam o dia inteiro no campus, ora nas bibliotecas e laboratórios, ora em salas de aulas e anfiteatros, então a minha roupa era mais formal, esporte fino, pois eu assistia as aulas diurnas vestido diferentemente dos alunos dali.

Por vezes era olhado com desconfiança por causa das roupas e corte de cabelo, confundido com agentes da repressão, mas isso não me incomodava.

Vida de celebridade. O que é uma celebridade? Alguém que está na agenda da mídia, e interfere na vida das pessoas para o bem ou para o mau, despertando admiração ou o ódio, jamais a indiferença porque ela está presente em todas as mídias e suportes de mídia, TV, internet, rádio, jornais, revistas, seu poder consiste em despertar da indiferença as pessoas em geral.

Então, nessa época as mulheres nunca saíam desacompanhadas nas festas e nos bares, para tomar uma cerveja era necessária a companhia masculina, exceto se fosse uma mulher vulgar.

Um servidor público jamais poderia ser visto em público embriagado, ou drogado, existia uma ética de comportamento muito forte, assim as mulheres eram muito mais recatadas.

Pode chamar de preconceito? Não sei se chamaria assim, são valores sociais de uma era diferente, eu fui a um show de rock disfarçado com um chapéu muito grande na cabeça rezando para não me encontrar com nenhum colega de trabalho do serviço público, ser visto com rockeiro era a última coisa recomendável para um servidor público federal.

Assim, os LGBTQIA+ agora querem ser como celebridades, querem surtar porque alguém os hostiliza. Isso não acontecia antes, naquela época, o que acontecia era a indiferença, e a apatia com relação a diversidade sexual.

Agora os grupos minoritários de identitários de todas as espécies querem ser tratados como celebridades, não aceitam a indiferença, querem estar permanentemente nas agendas das pessoas, tipo atura ou surta, então atraem o ódio ou a admiração, no fundo querem ser os heróis da resistência cultural, não basta apenas serem pessoas, querem ser celebridades, isto quem viveu percebe perfeitamente, para a nova geração fica parecendo que existe uma repulsa e intolerância quando na verdade querem apenas serem idolatrados como heróis sobreviventes da maldade e intolerância medieval dos costumes de fanáticos.

Não satisfaz a eles a indiferença e a apatia, querem - como toda pessoa vaidosa e espalhafatosa - ser admirados e idolatrados como heróis e celebridades da revolução sexual cultural, a despeito da história da humanidade nunca ter registrado qualquer evento que os torne especiais ou especialmente destacados da humanidade e da civilização com algum feito especial que somente um gay poderia protagonizar a partir desta condição.

Celebridade gays, antigamente, eram discretas, eram famosas apesar de ser gay, agora as celebridades militantes LGBTQIA+ querem ser famosas porque são gays.

Os militantes da diversidade sexual querem a fama por causa da sua condição diversa, ou adversa, sexual, ao contrário de um grupo de celebridades que conquistaram a fama apesar de serem gays, como

Clodovil Hernandes, Simone, Gal Costa, Renato Russo, Cazuza, estes nunca foram militantes da diversidade sexual.

Assim a juventude de Brasília da fase pioneira nunca protagonizou um beijaço público até porque as lésbicas e os viadinhos podiam ser o que eram com a discrição de todo casal ou grupo diferente, por que nada se repete no universo, nunca foi necessário destacar o óbvio; assim as mulheres foram se destacando a partir de sua posição no mercado de trabalho e nas ciências e no mundo intelectual, começaram a hegemonia em algumas atividades onde predominaram desde empregadas domésticas, até as professoras, enfermeiras, diretoras de escolas, e o reconhecimento não veio a partir das músicas de carnaval que debochavam da Maria Sapatão porque a sociedade não escolhe de quem vai debochar, e isso não é uma tragédia social, a não ser para o especialistas em parasitismo ideológico se apropriar dos movimentos sociais para enfiar que qualquer brecha onde possa enfiar uma ideologia estúpida para recrutar os rejeitados de sempre.

Brasília demorou para aderir aos movimentos nacionais de Diretas Já, do Doutor Ulisses Guimarães, e ao Fora Collor.

Funcionou bem o plano de JK que era isolar a ilha da fantasia das manifestações populares para blindar o Governo Federal e imunizar a elite política do efeito Lacerda sobre o presidente Getúlio Vargas, no passado.

O paradoxo da Nova Capital que foi criada para ser uma cidade administrativa começou a confundir e a dividir os que não se conformaram com a missão política de Brasília para o Brasil.

São Paulo é a fábrica, a locomotiva do Brasil. Minas Gerais é a fazenda e celeiro de alimentos. Cada estado cumpre aquilo que os economistas chamam de vantagens comparativas e vocação natural.

Sempre vai existir aqueles que nascem com o dom messiânico de consertar o mundo, com a missão de reformar a vida de todas as pessoas, elas inventam os problemas para poder vender o frio onde tem cobertor e não faz frio.

Então passa-se a debater o que fazer com a Capital: manter como cidade administrativa, ou construir uma nova vocação?

Industrialização acelerada? Empresas não poluentes ou polos de serviços do terceiro setor? Centro de turismo de convenções? Polo seco, ou porto seco? Centro moveleiro? Polo de modas?

Na minha opinião Brasília está se tornando um centro formador de universitários, com 73 faculdades e universidades, já é referência para as cidades do centro oeste.

Surgiram projetos mirabolantes, como o maior polo de cinema do Brasil. Ofereceram a ideia de fazer um "vale do silício" tropical, polo de software.

A população passou a se irritar com as medidas de segurança requeridas para garantir o deslocamento de autoridades, e passou a rejeitar a presença desabonadora de políticos, ou seja, a população sequestrou a vocação de cidade-estado central governamental em detrimento da habitabilidade e do conforto dos seus habitantes a despeito da finalidade precípua de cidade federal administrativa.

Inverteu-se as necessidades e fundamentos e agora os políticos que eram hóspedes da cidade passaram a hospedar a população de Brasília!

O ser humano não para de me surpreender, cada desfile ou interdição na cidade para cumprir alguma agenda política oficial é recebida com xingamento e resmungo, o brasiliense não pode ser incomodado por causa dos políticos.

A parte podre de Brasília são os políticos, a praça dos três poderes passou a ser o local mais procurado pelos turistas, o poder é apenas um ponto turístico que rende lucros para Brasília.

A política tem que dar lucro para a rede hoteleira, restaurantes, bares, boates, teatros, cinemas, mídias, moda, comércio, penas um produto uma commodity.

O Rock candango

Eu sou o menos indicado para fazer uma análise do rock candango pois nessa marca do tempo eu já era engajado no serviço público como profissional amadurecido na carreira.

Aconteceu a abertura política. Com a criação de novos partidos políticos, uma nova legislação partidária, eleições para presidente da república, senado, prefeitos, cria-se a autonomia política para Brasília que podia daquele momento em diante escolher seu governador e os seus deputados vereadores distritais-municipais.

Uma confusão estado-município que Brasília adquire um status político singular na federação.

Criam-se novas possibilidades políticas, com a liberalização para a criação de sindicatos e confederações nacionais, de hóspede de políticos corruptos que eram os responsáveis únicos pelo lado mau de Brasília, agora com as eleições locais Brasília iria experimentar a produção de seus próprios políticos corruptos locais, alguns nascidos em Brasília.

Que País é Esse? Interrogação ou exclamação de Francelino Pereira, que fora de contexto inicial acabou se transformando no maior sucesso do grupo de rock Legião Urbana.

Poucas pessoas jovens sabem que a frase foi lançada pelo senador Francelino Pereira, "que país é esse", do Piauí, foi para contestar a falta de fidelidade partidária dentre os correligionários no Congresso Nacional, e não para criticar os hábitos pouco éticos da política Brasileira, ele se referia aos acordos secretos costurados nos bastidores e não honrados pelos políticos de acordo com o sistema de "toma lá dá cá", sistema de troca de favores dos anéis burocráticos de dentro o poder legislativo federal, e, com poder o executivo federal.

O contrário do que quis o poeta Renato Russo reinterpretar da frase fatídica, exatamente o oposto na música.

As eleições locais em Brasília mexeram com os mais baixos instintos dos brasilienses, despertou ambições adormecidas inimagináveis. Brasília partiu para as suas primeiras eleições.

Eu parti para a primeira aventura sindical. Fundador do Sindicato dos Servidores Públicos federais que tinha como escopo inicial agregar a todos que trabalhavam diretamente e indiretamente para o mesmo patrão federal, tinha uma proposta extremamente ambiciosa, união de trabalhadores de todos os servidores, desde os bancários estatais, banco central, das empresas públicas, fundações públicas, hospitais públicos num único sindicato, não havia limites e obstáculos legais.

Essa estrutura começou a sofrer fraturas com a separação de categorias e esfacelamento da abrangência do alcance do sindicato, se separando em sindicatos menores com categorias trabalhistas cada vez mais específicas.

A sensação do poder é incrível, a popularidade trazida pela fama e celebridade me levou instantaneamente a uma posição imprevista e inimaginável na empresa pública onde era delegado sindical representante do Sindicato SINDSEP DF, Sindicato dos Servidores Públicos Federais.

O telefone não parava de tocar, todos queriam falar comigo, do presidente da Empresa pública, ao presidente da associação dos servidores, todos desceram de seus castelos e agora tinham que negociar no mesmo patamar de um funcionário.

A última vez que o presidente se referiu aos funcionários da empresa nas festas de fim de ano, antes da criação do SINDSEP, foi nos apelidando de bagrinhos!

Mulheres me assediando, até as casadas, todas queriam ficar do lado vencedor, da nova celebridade, o círculo estava crescendo, e assim os partidos associados ao sindicato, PT, PCB, PCdoB elegeram os principais deputados distritais, federais e até o governador.

Fui convidado por uma diretora do SINDSEP agora deputada federal para chefiar o seu gabinete na câmera federal.

Agora eu senti o gosto do poder em uma escala muito menor do que os poderosos, de verdade. Começamos a presenciar incrédulos aos primeiros atos justamente daqueles que seriam os protagonistas do bem e da honestidade.

O PT, partido recém fundado com a participação de ninguém menos que Fernando Henrique Cardoso, Lula, José Dirceu que roubaram a cena como os juízes da moralidade política.

Nos bastidores, já havia sinais de corrupção desde o nascimento dos sindicatos, com atas de fundação e registros adulteradas e forjadas, roubos de dinheiro das contribuições que elegeram grandes nomes da esquerda, os vigilantes estavam de olho no poder da grana.

Em todos os sindicatos recém-criados surgiram denúncias graves, rodoviários, vigilantes, professores, médicos, mas a população ainda acreditava na honestidade dos comunistas e esquerdistas que enfrentaram os perigosos rorizistas corruptos.

Brasília estava dividida entre o bem e o mal, o bem era a esquerda, o mal era a direita do Roriz, político novo no cenário nacional, embora escondesse que fundou o PT em Luziânia, sua cidade base natal e de suas centenas de fazendas de vacas leiteiras.

O paradoxo Brasília de agudiza, só faltava uma banda de rock punk para rasgar o último véu de pureza e de inocência: agora Brasília a ilha da fantasia, era igual a qualquer cidade brasileira. Com tudo de bom e de ruim, só que muito rica de royalties extraído de todos os estados da federação republicana.

"O concreto já rachou", Plebe Rude. Tudo que é sólido desmancha no ar. Plebe Rude, Proudhom.

Agora Brasília retira o véu, retira a máscara. Ana Lídia, a criança estuprada pelos jovens de famílias ricas, não foi um episódio, como os crimes mais hediondos na porta do Palácio do Planalto, o Jornalista Mário Eugênio é assassinado numa confusão de denúncias de corrupção envolvendo chantagem e políticos de grosso calibre pegos em negociatas.

Uma filha de Ministro manda matar os pais para herdar benefícios pecuniários.

O sequestro das filhas do megaempresário multibilionário Luiz Estevão, cheio de incongruências e de amadorismos entrou para o folclore das coisas estranhas que só acontecem no DF.

O sequestro de Wagner Canhedo, diretor do grupo empresarial de transportes urbanos e distribuidora de combustíveis, multibilionário, cheio de cenas pitorescas, envolvendo socialites, policiais e ex amigos.

A misteriosa morte por assassinato de Eurípedes, na cidade pobre de Guará, era um jovem de classe média baixa, morador do Guará que se passava por um jovem de classe A, tinha olhos azuis e era loiro, bonito belo shape físico, e que desfilava com uma moto Yamaha 350, reluzente, justamente na época em que os automóveis, motocicletas, perfumes, roupas importadas eram proibidos pela política econômica industrial de nacionalização da indústria, o contrabando, descaminho e desvio eram as maneiras de obter produtos importados, ou, através do corpo diplomático.

Então Eurípedes teve a ousadia de se passar por menino rico, iludindo as moças da elite de Brasília, então a sua repentina morte muito suspeita acabou em um protesto gigantesco dos jovens da cidade com um enorme cortejo no seu sepultamento, diante do silêncio eloquente da justiça e da polícia.

Dos pioneiros candangos e suas sagas de velho oeste americano no cerrado, agora a Brasília se transforma numa guerra de status, tudo vale para ocupar um lugar no centro da riqueza de poucos, com salário médio de 3 mil dólares os servidores públicos federais formam uma elite de classe média onde os privilégios foram conquistados através de uma acirrada e quase contínua movimentação e atividade sindical profissional pressionando o estado, que por sua vez atraiu cada vez mais pessoas qualificadas com níveis de escolaridade cada vez mais alto, muito diferente dos anos setenta, agora, até os copeiros e agentes de portaria possuem cursos superiores, com salários em torno de quatro mil dólares os servidores do legislativo estão na escalas superior de salários em Brasília.

A cidade se torna indiferente aos crimes de toda ordem perpetrados pelas elites; jornalista famosa é flagrada em adultério em motel com um rico empresário, famoso; greves de rodoviários paralisam a cidade; a corrupção para a construção do metrô urbano é tema de campanha política; a distribuição de lotes para os pobres vira moeda política para a eleição de governador.

Brasília é invadida por milhões de seres humanos, migrantes, sem dinheiro, sem terras, sem casas, sem emprego, sem lotes, sem escolaridade, prontos para venderem os seus votos.

Um candidato oferece o cheque lote aos eleitores carentes migrantes, o vale lote; o outro oferece a bolsa família para a mesma clientela.

Os discursos são diferentes, mas o projeto é mesmo: os fins justificam os meios.

A segunda alternativa é ainda hoje sobrevivente e existente até hoje como um programa de renda bem-sucedido na política federal do Brasil.

Começa a guerra longa e sangrenta que extrapolou a arena política e que dividiu Brasília entre os vermelhos do bem e os corruptos azuis.

A guerra entre os pobres azuis e os pobres vermelhos, essa guerra durou exatamente cinco mandatos de governadores e somente acabou com a morte do governador Roriz e morte do PT com o escândalo do Mensalão do PT.

Agora Brasília fala a linguagem política dos melhores grotões, tira a fantasia, rasga o fraque e mostra a verdadeira diversidade que é feita a cidade, aos poucos o caráter vai se definindo, de um lado muita riqueza de outro só miséria. O maior índice de escolarização por habitante do Brasil, já possui também a maior favela do Brasil.

Da oferta de mão de obra escassa, agora falta emprego, a miséria e o desespero o subemprego, as cidades dormitórios, Águas Lindas de Goiás, uma das cidades do entorno com 160 mil habitantes é formada de mulheres diaristas e empregadas domésticas, a cidade começou como a idade das luzes vermelhas, assim com o Jardim Ingá eram os centros das casas noturnas de prostituição que recebia as profissionais de todos os cantos do País.

Rasgado o véu da aparência mostrada nas tvs, cai na realidade cruel relatada e retratada na letra da música “Faroeste Caboclo”, a dura realidade do consumo das drogas nas Roconhas - rock e maconha - dos ricaços, e, dos pobres.

O massacre dos candangos pela polícia da GEB não é lenda urbana. Aconteceu de fato. Mas, existe a lenda urbana do motorista de taxi assassinado em 1985, atrás do CEUB da Asa Norte, cuja alma perambulava pelo cerrado assediando as pessoas para encontrarem o seu corpo.

Os políticos de Brasília são tão bons quanto os políticos de fora, não há mais desculpas para tentar isolar a cidade e seus habitantes como se fossem de naturezas diversas, como foi o discurso durante uma fase da vida da Cidade enquanto se tentava buscar outra vocação para a cidade para além da política, nada é mais característico como a política, tudo gira em torno disso, a cidade só tem um tema que é a política, quem não gostar só resta ir embora para outro estado.

E ainda tem gente para quem o rock de Brasília não refletia a realidade da cidade, era um exercício de abstração poética de meninos ricos da classe alta!

Com este enredo nunca faltou tema para as músicas de rock, a juventude de Brasília estava nadando em caldo de cultura pronto esperando para virar tema de música.

Já vão se formando as dinastias na cidade, a começar da família número um, é lógico, a família de sobrenome Kubitscheck, o fundador e criador da cidade, quem acreditou e fez o milagre de bater muitos records no Guiness com a sua obra.

O segundo nome famoso é da família Niemeyer, que apesar de nunca ter morado aqui seus descendentes colaterais podem ser encontrados na cidade.

O sobrenome de Israel Pinheiro, o administrador pioneiro que era o braço direito do presidente Juscelino.

A família do empresário e pioneiro Venâncio conhecido pelo conjunto arquitetônico e de shoppings centers no centro e em áreas nobres da cidade.

A família Salomão que investiu no primeiro centro de lazer de alto padrão que é a espinha dorsal do entretenimento noturno pioneiro da cidade.

A família Meirelles pioneira em empreendimentos financeiros e imobiliários e seu sucessor e filho adotivo Luiz Estevão e o grupo OK.

A família Osório Adriano fundador do Grupo Brasal um dos maiores do setor de bebidas, automóveis e imobiliário do DF.

A família Matsunaga pioneira em empresas de transportes urbanos juntamente com o sobrenome Guaraciaba.

A família Taurisano no setor de automóveis e a família Slavieiro no comércio, a dinastia Roriz, a família Octávio, a família Constantino da empresa Gol, dinastia Piquet, família Resende, família Amaral, famílias Gastaldo Soldera grupo Gasol; os Canhedo; os Catanhede; a família Riedel; a família Braz; a família Guaraciaba; a família Olviedo; a família Noletto, a família Collor de Melo; a família Couto; família Campanella.

A família Camargo; família Itapary; família Athayde; família Rollemberger; Família Daher; família Calmon; família Gontijo; família rema; família Rincon; família Santana; família Abadia; família Leão. Família Sarkis; Família Pitel; família Vaz; família Montandon; família Sayão; família Valadares; família Porto; família Da Paz; família Karin Nabut; família Vasconcelos; família Carielo; família Baracat; família Badia Helou; família Cascão; Família Campos; família Lopes; família Curi; família Costa; os Fernandes; os Guimarães; os Mathias; os Beltrão; os Mourão, os Fagundes.

A juntar-se às famílias tradicionais de pioneiros surge a dinastia dos músicos de Brasília, com centenas de grupos de HIP HOP, grupos de Pagode, grupos de Rock in Roll, Grupo de Rock, Grupos de Forró, Grupos de Sertanejo, músicos eruditos, músicos Gospel, muitos compositores, intérpretes, instrumentistas, dançarinos, atores de teatro, já são alguns milhares que se projetaram nacionalmente, então a elite de artistas é o legendário Legião Urbana, cujo sucesso começou com os shows no espaço do Circo Voador no Rio de Janeiro para interpretar a música de autoria de Renato Russo, Química, que chamou a atenção da mídia e dos críticos na interpretação de Herbert Viana no grupo também brasiliense Paralamas do Sucesso.

Queriam saber quem eram os autores daquele rock esquisito, cheio de ideias, cheio de metáforas inteligentes, sutilezas e crítica social pesada, com mensagens subliminares, e muita elegância embalados por uma melodia diatônica com fuga e contraponto.

As portas da gravadora foram abertas e sem fazer teste assinaram o contrato de risco sem saberem quem eram aqueles três jovens candangos, acrescidos a última hora do Negrete nos baixos.

Negrete tinha feito um baixo artesanalmente, com peças de segunda mão, que não era profissional, então teve que alugar o instrumento na gravação do primeiro disco, ele sabia as músicas da tournée do Legião e do Aborto Elétrico, aprendeu a tocar em seu instrumento, baixo elétrico, rapidamente, as novas músicas do disco novo, o primeiro, adaptando e rearranjando as batida, os riffs, e os acordes, então, resto todos sabem, a surpresa no Brasil, e um show atrás do outro, todos os dias da semana, estourou bombaram as vendas, foi o segundo artista a bater a cifra de mais de um milhão de CD vendidos, este fato somente era um fato possível, privativo, feito produzido pelas vendas dos cd gravados pelo Rei Roberto Carlos e pelos cd produzidos e gravados pela Rainha dos Baixinhos, Xuxa Meneguel.

Brasília, a capital do rock nacional

A cultura da tradição da monocultura só permitiria a ascensão de um modismo de cada vez na música, onde, de acordo com o costume, tinha sido anteriormente a moda onda da lambada, depois a moda do rock, a do Axé baiano, a do pagode, e, a atual, Sertanejo-forró-funk, justamente, vindas, estas três, dos grotões do Brasil.

Era a moda do momento, e de centenas de grupos de rock nacional Brasília tem o melhor grupo nacional.

Todas as outras bandas orbitam e celebram a banda brasiliense Legião Urbana, solistas e todos os demais tem o paradigma em Brasília inclusive os grupos locais, como, Paralamas do Sucesso, Capital Inicial, Plebe Rude o meu predileto, Finis Africae, Natiruts, Os Raimundos, RPM, Escola de Escândalos.

Esse não é um conto de fadas, ninguém comprou este livro para ler um conto de Harry Potter ou da série de grandes biografias da História.

Todos sabem como ele morreu, e como viveu os seus últimos dias de vida em São Paulo em Embú das Artes, mas poucos sabem das circunstâncias de sua morte mais amiúde.

Depressão depois de perceber que foi enganado pelos seus companheiros de jornada, - sem fazer algum juízo de valor - , Negrete acreditava, e foi convencido de, que todos estavam livres de compromisso a partir de um ardil contábil preparado pelos assessores de Renato Russo, para afastá-lo de modo legal sem gerar disputas longas e legais, como, por exemplo, a disputa pelo direito a marca do grupo Legião Urbana, que mais tarde foi parar nas bancas do judiciário, no STJ Superior Tribunal de Justiça.

Negrete estava muito alegre por ter comprado 75% dos direitos do Legião Urbana, e vendido os seus 25% de participação. O que significava que trocavam seis por meia dúzia.

Assim que firmaram esse esbulho jurídico começou o golpe. Gravaram os próximos CD e DVD como sendo três empresas autônomas três CNPJ autônomos, - Dado, Bonfá, Manfredini - sob a marca Legião Urbana sem a participação de Negrete, assim anunciaram para a imprensa, a saída, fraudulenta, e a ausência criminosa do Baixista dali em diante.

Nada disso foi revelado para a grande mídia que engoliu a história da saída do legionário.

Usou-se do instrumento jurídico equivocado para fazer a rescisão / demissão direta para não pagar a rescisória pela expulsão simulada.

A ação no STJ foi uma fraude sem eficácia jurídica, como a tentativa perpetrada pelo Giuliano para se apropriar da marca individualmente a despeito do registro em nome de apenas um deles, o pai de Giuliano, o STJ reconheceu a prática usando da teoria de domínio do fato para devolver ao grupo a marca coletiva que estava registrada em nome solo de Renato Manfredini.

O que confirma a fraude perpetrada pelo grupo contra Negrete. Lograram uma rescisória de fato, porém não de direito, o documento garante 75% dos direitos e apenas houve uma troca de participações onde ninguém perdeu nem ganhou participação na sociedade.

Este distrato é uma peça cheia de riqueza de desacato às leis e à moralidade, um elenco sofístico com erística de dicção, uma verdadeira falácia de petição de princípio, obra prima de picaretagem, bem de acordo com a linha decisória do STJ quando do julgamento da ação de propriedade de marca decidida a favor da parte ativa da ação contra um usurpador anônimo da marca legião urbana, e desta feita foi proposta contra as alegações de Giuliano que se valendo de uma posição também oportunista apenas atentava contra a boa-fé dos integrantes da banda.

Foi uma guerra desnecessária, todos estavam equivocados, tanto Giuliano quanto Bonfá e Dado.

Giuliano resgatou das ruas o Negrete, que estava visivelmente perturbado com os neurônios destruídos pelas drogas pesadas, já vinha tendo o seu cérebro deteriorado.

Minha mãe deixou Brasília para acompanhar o Negrete em seu sítio onde foi morar após a saída da banda, minha mãe deixou a cidade para morar em lugar precário, sem água potável, rede de esgoto, sem asfalto, sem comércio, sem farmácias, sem escolas, e a sete quilômetros do centro da cidade de Mendes.

Mendes foi considerado o quinto melhor clima do Brasil, pela pureza do ar atmosférico, conforme certificação ambiental.

Eu então fui me juntar a minha mãe ao meu irmão Negrete no sítio Rocha em Mendes com a promessa de desenvolvermos as atividades rurais, então larguei meu cargo público em Brasília cheio de projetos para o lugar que possuía duas represas, dois braços de rio, muitas colmeias de mel de abelha, milhares de pés de laranja, centenas de pés de café, milhares de roseirais para fornecerem pólen para as abelhas

polinizarem as fruteiras, tinha 110 galinhas, um cavalo, três bois, um casal de cabras, porcos, codornas, carneiros, faisões, gansos, patos, peixes, coelhos, cães fila brasileiro, gatos, e muitas aranhas enormes.

O reino Negrete

Tudo no sítio era para ser curtido, admirado, ficar intocado, a lei de Negrete era que o sítio dele não era uma unidade de produção rural.

Nada poderia se fazer ali sem a sua autorização.

Esse foi o primeiro grande problema, a postura de ovos ultrapassava as doze dúzias diárias de ovos e Negrete proibia simplesmente de vender os ovos ou doar.

Quando cheguei ao sítio não questionei isso apenas estranhava que diante da realidade de centenas de galinhas somente meia dúzia de ovos eram vistos.

Avisei ao Negrete que o seu caseiro poderia ser o responsável pela quantidade tão desproporcional de produção de ovos.

Uma verificação perguntei ao caseiro porque ele sempre andava com um casaco muito espesso e grande no lugar de roupas leves apropriadas para o clima?

Depois de muitas conversas o caseiro foi demitido, então a produção de ovos real apareceu, o caseiro usava seu casaco; era usado para contrabandear ovos que ele vendia todos os dias para o comerciante local revende-los.

Foi a única vitória que consegui obter, pois a minha vida ali, durante um ano foi lidar com uma mente corrompida pela arrogância e pela teimosia.

Renato nunca aceitava a palavra “não”, então todas as ideias que eu tinha sobre como produzir renda no sítio era embarreirada pela enorme vaidade e arrogância de Negrete.

Tentamos a assessoria da Embrapa para orientar a produção do sítio, quando chegava na época de colheita das laranjas, ele não permitia que fossem colhidas para comercialização, então as laranjas apodreciam no chão, milhares de laranjas apodrecidas porque ele não queria que fossem vendidas! O mel escorria das colmeias e não era retirado, apesar de possuir todo equipamento EPI, fumigador e centrifuga para extrair o mel dos bastidores de colmeia. Era tudo um desastre que servia de deboche e de gozação da população da área vizinha.

Uma mente doente, uma personalidade arrogante e um gênio difícil de controlar.

No sítio havia três casas, uma delas bem deteriorada, a casa do meio malconservada, e a outra casa muito boa, nova recém construída.

Advinha em qual das três daquelas casas ele escolheu para morar?

Justamente, não sei porque motivo, ele optou pela casa do meio, de modo que tive que reformar um dos quartos para habitar nele, removi o piso estragado, e repintei as paredes do quarto onde morei.

O restante da casa precisava de reformas, e sugeri isto para Negrete.

Tudo teria de ser negociado nas menores coisas. Lembro quando sugeri fazer um incinerador de lixo e a partir da sua autorização construí o incinerador.

Depois de construído o incinerador de resíduos e lixo ele gostou tanto que decidiu destinar o incinerador para ser churrasqueira!

Era sempre assim muito voluntarioso, inesperado, e intempestivo, sem planejamento sem previsibilidade, e percebi que não poderia contar com ele para administrar o sítio.

Negrete me convenceu a comprar um veículo de coleção, um automóvel antigo um modelo de automóvel pertencente a um rico empresário de Niteroi, era um modelo Citröen DS 21, ano de 1968.

Ele disse que quando pudesse me devolveria o dinheiro da compra, apesar de discordar da necessidade daquela aquisição fomos lá e compramos o carro.

Comprei de outra feita um Galaxy Ford de um grande fazendeiro, também com a promessa de me devolver o dinheiro.

Então devolvi o Ford Galaxy porque ele mostrou pouco empenho em devolver o dinheiro.

Quando cheguei no sítio ele possuía uma moto Yamaha XT 660 cc, antes ele estava com sete motos e seis automóveis na garagem.

Logo percebi que nenhum dos projetos iria vingar, Negrete só estava interessado em se divertir na cidade, e não topava nenhum dos projetos, inclusive da sorveteria no centro de Mendes.

Tinha uma quantia grande em dinheiro da indenização da rescisão do contrato de trabalho e o dinheiro já estava acabando, pois eu comprava a feira e as rações de todos os bichos.

Não restou alternativa senão voltar para Brasília aquela vida ali era uma espécie de refúgio para usar drogas, tendo oferecido a casa boa para o filho do prefeito da cidade morar com a sua namorada argentina, e receber amigos para queimar um baseado e cheirar cocaína.

As drogas em geral são estigmatizadas pela sociedade, mas tem origens ancestrais nos rituais do homem primitivo em protorreligiões ancestrais pré-históricas utilizadas em rituais de celebração, de cura e de invocação de poderes sobre-humanos, em fetichismos e animismos e até mesmo em religiões e ritos psicossociais atuais como no Santo Daime, enfim, as drogas elevam o padrão de abstração cerebral para um transe não circunscrito ao ritual de entrada em contato com forças mágicas, metafísicas, esotéricas para nos trazer a sensação de transcendência sobre a natureza limitada humana.

É uma tentativa de tentar controlar forças sobre-humanas, como diria Nietzsche, tentar encontrar o super-homem, ou o sobre-humano dentro do simples mortal, limitado e frágil humano diante das possibilidades de contato com as forças poderosas da cosmogonia no universo.

Mas esta experiência extremamente comprometedora para a saúde neural pode ter consequências muito graves e duradoras até. Entre as tribos primitivas esse contato com as substâncias alucinógenas é restrito aos pajés, curandeiros e guias espirituais que se supõe saberem fazer o caminho de volta do mundo dos psicotrópicos alucinantes.

Drogas menos invasivas da psique como as bebidas alcoólicas ingeridas em pequenas e poucas doses permitem fazem a vez de quebrar as inibições e ajudam a suportar a pressão do cenário de representação social, ajudam a suportar as demandas da etiqueta social e transcender às limitações e medos psicossociais quebrando barreiras se usadas com parcimônia e cuidado. A qual exige autocontrole, maturidade e treinamento psicológico.

Devido à grande possibilidade do acesso não mais controlado pela religião e pelos ritos místicos de onde se originou a droga alucinógena, o seu consumo e a sua descoberta, agora, a droga alucinógena se desvencilhou e se desvinculou do círculo de onde surgiu quando era parte de um ritual religioso ou místico dentro de círculos restritos de esoterismo, para ser agora na sociedade contemporânea, um instrumento roubado dos rituais tendo se tornado um fim em si mesmo, da busca de um estado psíquico alterado como simples fuga da realidade sem nenhum sentido místico, esotérico ou religioso.

Seria análogo, se pudéssemos comparar, como se um muçulmano roubasse o sacramento da hóstia sagrada dos católicos na missa e as introduzisse em seu cotidiano como um lanche matinal, degustado com manteiga ou com creme de amendoim e vendida nos mercados como guloseima, seria considerado pelos católicos como uma profanação de seu ritual mais sagrado, assim nós o fizemos, os ocidentais, com os ritos indígenas e orientais que introduziram os alucinógenos como parte inseparável de seus rituais místicos sagrados, nós os ocidentais os profanamos, assim como profanamos o chocolate que era uma bebida de um ritual sagrado dos Astecas, agora transformado em guloseima e vendido nas prateleiras dos supermercados e até nos lugares mais profanos inimagináveis para os sacerdotes Astecas.

Assim fizemos igualmente com o fumo, de origem indígena, com a Ayahuasca, com o Epadu, com a coca dos altiplanos astecas, com o ópio sagrado para os indianos, com o haxixe sagrado para os hindus, nos apropriamos indevidamente de ritos religiosos e hábitos culturais de outras civilizações e os deturpamos.

Assim fizemos com o Yoga que é uma parte da religião dos Vedas na Índia e transformamos o Yoga em exercício físico de relaxamento e condicionamento físico, para os Vedas o Yoga é parte do ritual sagrado de busca do nirvana, assim, de profanação em profanação os rituais místicos e sagrados vão sendo banalizados e transformados em mercadorias para consumos vandalizados da nossa superficialidade consumista e imediatista sem nos atermos aos significados, origem e para as consequências e importâncias sagradas, claro, para os outros.

Seu apelido doméstico era Toninho. O último filho a nascer, foi deslocado no tempo pois era cinco anos mais novo, dessa forma era difícil conciliara a idade com os outros irmãos.

Era mais um menino, formando quatro, uma menina, Tânia Janete, Henrique Cesar, e eu, Roberto.

O plano dos pais era formar dois casais, duas meninas e dois meninos, assim o esperado era uma menina, mas veio o menino Renato Rocha.

Minha mãe era muito religiosa, uma batista fanática, ou, na linguagês batista, era uma crentalhona fervorosa, portanto era crível que ela tinha certeza que viria nascer mais uma menina, e fazias orações diárias durante duas ou quatro horas seguidas nas madrugadas rogando a Deus que o seu desejo fosse o nascimento de uma menina para fazer companhia a filha Tânia Janete.

Ela tinha tanta certeza de seu acerto espiritual com Deus que comprou todo o enxoval que foi montado para receber uma filha.

Quando veio o parto, a surpresa e decepção foi muito grande, era um menino e não uma menina como era esperado, foi a primeira decepção logo na sua chegada ao mundo.

Muita tristeza, parentes frustrados, todos os amigos e irmãos da igreja tinham participado de jornadas e campanhas de oração e de pedidos de orações na igreja pela vinda de uma menina.

Os evangélicos realmente acreditam em orações, apesar de não haver nenhuma prova na Bíblia de que no velho testamento em alguma ocasião

Deus tenha conversado com algum ser humano sem que Deus o tenha convidado, o tenha convocado, o tenha permitido, ao contrário, quando Deus se dirige a algum ser humano é sempre de modo cerimonial com um protocolo determinado, mas nada disso importa aos evangélicos que acreditam que podem falar com Deus como quem manda um SMS ou uma mensagem de Telegram ou Whatsapp.

Para aplacar a decepção da filha Tânia Janete foi feito um estratagema: minha mãe queria que o bebê Renato fosse aceito por ela que o ignorava, então escondeu o boneco dela que se chamava Toninho, e disse a Tânia que seu boneco era o seu irmão bebê e passou a chama-lo de Toninho.

Renato era o Toninho até aos 24 anos quando soube dessa história e se sentiu traído e proibiu aos parentes de chama-lo de Toninho.

Seus momentos de decepção começaram, então, antes de nascer, sem irmãos de sua idade para compartilhar brincadeiras de sua idade, sentiu a sua rejeição ainda dentro do útero da mãe e passou a infância solitária apesar da presença de seus irmãos, quando atingiu a adolescência comecei a introduzi-lo no mundo do show de música, de passeios no Foods, lanchonete da moda jovem, no cinema e nas festas disco.

Então logo eu estava me casando aos 24 anos, em 1980, e foi quando tive a moto Honda Turuna roubada na quadra 402 Sul, no ano de 1980, mais tarde, cerca de cinco anos depois, eu a encontrei no Rio de Janeiro, no Município de Mendes onde ele tinha comprado um sítio em 1990, mês de julho, quando fui morar lá com ele, estava sentado na praça e vi passar a minha moto com a placa MT004 Brasília DF; muita coincidência. Má coincidência.

Quem tem um parente viciado em drogas tem episódios constrangedores, de desaparecimento de joias, dinheiro, equipamentos, instrumentos musicais, áudio e vídeo.

Depois de gravar o primeiro sucesso no Legião Urbana, Negrete veio à Brasília presentear o pai dele com um clarinete de fabricação nacional para repor o clarinete que ele havia vendido para pagar aos traficantes de drogas, era uma clarineta de fabricação francesa de posse dele desde os tempos de solteiro.

Na última vinda a Brasília antes de sua morte Negrete foi expulso pela polícia civil do DF pois tentou de novo agredir a sua mãe, seu pai e seu irmão mais velho, foi preciso as presenças da polícia militar do DF, bombeiros com camisa de força, polícia civil infelizmente foi uma triste despedida.

Eu mesmo tive que enfrentar o Negrete com uma faca, quando ele tentou invadir meu quarto para pegar dinheiro para pagar os traficantes e comprar mais drogas.

Isso não é um conto de fadas, é a vida real, todos os amigos o tinham abandonado, mas durante a fama ele procurava conversar constantemente com a mãe, mas não vinha visitar os parentes.

Ficamos decepcionados quando ainda durante o primeiro ano de sucesso, eu, - que tinha patrocinado a sua viagem para a gravação do primeiro CD dele no Legião Urbana - fui muito satisfeito visita-lo em sua casa em Ipanema com as suas duas sobrinhas, Suzan e Ellen, quando cheguei fomos muito mal recebidos por ele, exceção feita pela sua vizinha, a atriz Isabela Garcia da Rede Globo, que brincou muito com as minhas filhas, era vizinha de porta de Negrete.

Mas ele nos expulsou de lá, iria ter uma rave de cocaína com seus amigos e ele não nos queria em seu apartamento, na Rua Maria Quitéria, em Ipanema, fiquei decepcionado e surpreso com a falta de hospitalidade e de carinho.

Uma vez, atravessando a rua Farme de Amoedo, Ipanema, onde morava, então uma fã, menor de idade, adolescente o convidou para ir em sua casa, e lá ele ficou por uma semana, em Ipanema, na casa dela, com a sua família de classe média alta, sem absolutamente nenhuma censura de seus pais; assim era a vida com muito glamour de uma estrela do nível do Legião Urbana; lembro de quando ele me contou que tomou a namorada de um dos músicos da banda Paralamas do Sucesso, logo no primeiro ano de sucesso.

Era apenas um troféu para compensar a si próprio pelos anos de indiferença e rejeição das mulheres na fase anterior de anonimato antes de saborear a explosão de sucesso.

Num show em Goiânia, certa vez entrou no seu quarto de hotel e encontrou uma mulher despida em sua cama, e confrontou-a para saber como entrara ali, ela disse que seu namorado subornou o segurança para que ele pudesse se gabar que a sua namorada se deitou com o músico da Legião Urbana.

Negrete era idolatrado: ele ganhou um violão marca Tagima de 1.000 US dólares de um fã anônimo; mas deixou um baixo, de 2.000 US dólares, esquecido por ele na mala do taxi que nunca mais retornou para as suas mãos.

Negrete ganhou uma bicicleta de titânio de 3.000 US dólares de presente de um fã de Brasília; recebeu uma camiseta de um proprietário de uma churrascaria em Botafogo para comer de graça lá todas as vezes que ali frequentasse vestido da camiseta.

Quando em sua recuperação, já morando em Embu das Artes em São Paulo, o Giuliano, filho de Renato Russo, contratou uma governanta para ser sua tutora e curadora recrutada, nada menos que, da secretaria particular do governador de São Paulo; nem perguntei quanto ela estava recebendo por isso; era uma pessoa muito bem preparada, muito culta e sofisticada, paga por Giuliano para cuidar do Negrete em seus últimos dias de vida.

Saíamos juntos de Mendes, do seu sítio, em 1990, de automóvel antigo modelo Citröen DS 21 fabricado no ano de 1968, verde musgo, para muitas festas em boates, clubes, em: Mendes, Rodeador, Copacabana, Ipanema, Leblon, São Conrado, Volta Redonda, Barra do Piraí, Conservatória, Barra Mansa, Vassouras, quase sempre recebido como celebridade.

Algumas vezes estas aventuras incluíam amigos, fãs, e, prostitutas. Eu nunca usei drogas, não fumo nada, eu sou careta, sou ainda protestante, anticonvencional, não sou crentalhão "camanassúbia", "nabiasfonda", fanático.

O show com holograma de Renato Russo na capital do Brasil, foi a despedida da família; ficamos no Hotel, Brasil 21, ali conheci pessoalmente Lobão e a sua esposa; Ivete Sangalo se ofereceu, surpreendentemente, para gravar umas músicas com ele ao contrabaixo; Renato nunca tocou no programa da XUXA, não gostava da postura e do comportamento dela, e ela insistiu muito para que Legião se apresentasse naquele programa Planeta Xuxa; ele admirava o Chacrinha, tinha cara e postura de roqueiro raiz, o Velho Guerreiro.

Por ocasião do fatídico show do ginásio Nilson Nielsen onde houve o quebra-quebra ele nos advertiu aos familiares que não daria os passaportes de cortesia com crachá de palco nem de arquibancadas, como era de praxe da produção, para entrada familiar porque ele disse que o show ia ser muito pesado e que ia ter muita pancadaria.

Não entendi direito até hoje porque ele estava tão certo do fato que iria acontecer aquela violência e descontrole policial que transformou o fatídico show em tragédia. Clarividência? Premonição? Já estava tudo orquestrado por algum grupo de ativistas, punks, skinheads, Rap, Hip Hop? Ou será que eles receberam ameaças antecipadas por telefone e as subestimaram, e por isso não as relataram aos órgãos de segurança de Brasília? Eu acredito nesta hipótese última. Nunca saberemos. Talvez Bonfá ou Dado expliquem melhor esse mistério.

O Renato Russo ficava horas e horas conversando com a nossa mãe, Liseth Rocha, ao telefone, ele adorava a mãe do Negrete; Renato Russo era um gênio, e uma celebridade.

Meu irmão era outro gênio, com apenas quatro anos de escolarização conversava com propriedade sobre quase qualquer assunto, com informações atualizadas e precisas, de política, moda, comportamento, música sabia tudo sobre isso, esportes, era flamenguista, eu sou o único da família que não curte o flamengo, apesar de não ser anti-flamenguista para o desgosto dos flamenguistas que amam idolatrar os seus haters.

Em todas as coisas que ele fazia demonstrava que possuía poderes sobrenaturais; era impressionante: tudo que pegava para fazer fazia excepcionalmente bem, assim, quando decidiu jogar tênis de mesa ficava entre os melhores, jogou contra meu amigo campeão do planalto central, Chiquinho, em 1972, e não fez feio; foi um grande e bom capoeirista; grande jogador de voleibol; andava de bicicleta com uma habilidade impressionante; na moto era um ás, onde eu fazia curvas a 80km/hora ele passava no mesmo local a 100km/h, e eu não sou mau motociclista; era muito hábil ao volante de um carro; então eu fica abismado quando ele de repente começou a tocar flauta doce, teclado, bateria e baixo elétrico com uma habilidade impressionante.

O que a sociedade faz com os gênios? Não se enquadram em lugar nenhum; a escola não está preparada para a velocidade de aprendizado deles; assim, eu tive dois irmãos gênios na família que eram antissociais e um deles tinha o acréscimo agravante de ter sido uma celebridade.

Uma pessoa comum não é capaz de imaginar como é para uma direção de uma gravadora administrar tanto ego hipertrofiado; imagino que o mesmo acontece em um grande time de futebol cheio de estrelas; confesso que eu não sou a pessoa mais indicada para esse cargo, apesar de ter sido extremamente tolerante e compreensivo com as bizarrices do Billy.

O ego de Renato Russo e de Negrete eram infinitamente inflados e inflacionados, essas duas personalidades em nada pareciam com as personalidades de Dado e Bonfá, então os conflitos eram mais do que esperados; uma gravadora não deve tratar os egos de celebridades como fizeram com Tim Maia, e Negrete, anormalmente sentimentais, pouco racionais, artistas são de outra vibe, são de outro planeta, extremamente indiscretos, odeiam ostracismo e a indiferença, extremamente vaidosos, extravagantes, sem nenhum senso de autocrítica, são estrelas afinal; eles, das gravadoras, são muito mais tolerantes com as bizarrices de gente como Madona, Michael Jackson, Winehouse, Rolling Stones só para começar.

Uma vez, Negrete, estava entediado, e entrou em uma loja de motos em Ipanema, motos importadas de 20.000 US dólares, estava propositalmente malvestido e não sendo reconhecido nenhum vendedor se aproximou, até que um deles perguntou se ele estava apenas olhando então Negrete apontou para uma moto de 20.000 US dólares e disse: "quero essa aqui". Então o vendedor sorriu para ele, - ou dele -, e perguntou-lhe como poderia pagar.

Negrete abriu a pochete e disse: " você quer em dinheiro vivo, ou em dólares, ou no cartão de crédito, pode ser em cheque também?

Nesse momento começou a ajuntar todos os vendedores, e pessoas da calçada reconheceram o legionário e foi um tumulto na loja.

Era fanático por motos e teve uma especial, uma Honda 900cc Bol D'or preparada com cabeçote de tungstênio por uma oficina de Botafogo por um amigo seu preparador e ex piloto profissional de motociclismo street desportivo.

De todas as motos que possuiu eu cheguei a pilotar a Yamaha XT 660 e a Yamaha 350.

Quase foi alvejado por tiros disparados pela polícia rodoviária federal ao furar a barreira na BR 040, em sua moto Yamaha 350; chegou a ser preso por essa violação, como era comum na sua vida de prisões constantes em Brasília por vadiagem e vandalismo quando ainda era menor de idade, deu muito trabalho para o pai advogado que tinha que fazer a defesa judicial e policial e pagar as fianças, por porte de drogas e outras contravenções menores.

No fechamento desta narrativa gostaria de deixar a memória da genialidade deste artista, que em pouco tempo, dois ou três anos passou de atleta para músico de alto nível, quando adolescente começou a tomar doses cavalares de anabolizante veterinário, pois naquela época era uma droga lícita e estava fazendo musculação chegando rapidamente a resultados físico impressionante, tudo era mágico e ingênuo, era uma outra era de muita ação e pouco discurso ideológico e sem culpa, sem mi mi mi, sem internet era tudo escrito nas paredes, no panfleto e nos cartazes de rua, viveu e morreu como roqueiro em suas atitudes, nunca investiu o dinheiro, dizia que dinheiro era para gastar, era um hedonista, e assim morreu do jeito que viveu a vida inteira, nasceu sem nada e morreu sem nada.

Apêndices

Minha breve biografia

Meu nome é Roberto da Silva Rocha, nasci na cidade do Rio de Janeiro em 10 de dezembro de1955, no Hospital Central do Exército, filho do então sargento do Exército Sebastião Marques da Rocha, evangélico, na arma de burocrata, servindo no Quartel General do Exército situado no Bairro de São Cristóvão, e residente no bairro do Rocha, filho de Liseth da Silva Rocha, baiana que chegou ao Rio de Janeiro vinda de Arembepe em Salvador, Bahia, evangélica da igreja Batista em Irajá, São Francisco Xavier, tinha mais três irmãos, o mais velho Henrique César, nasceu em 23 de setembro de 1953, a irmã Tânia Janete nasceu em fevereiro de 1957, o mais novo nasceu em 1963 no Rio de Janeiro, seu nome era Renato da Silva Rocha, conhecido como o Negrete, ex baixista da banda Legião Urbana fundada com Renato Russo, Marcelo Bonfá e Eduardo Villa Lobos, todos de Brasília, onde surgiu a Banda e para onde nos mudamos em 1970 por causa de uma permuta do meu pai que veio no lugar de um outro militar designado para servir no quartel do Exército no Ministério do Exército em Brasília.

Eu cheguei aos 14 anos de idade em Brasília, para sair da Capital em 1990, quando fui morar com o meu irmão famoso, celebridade da maior e mais famosa banda de rock brasileira justamente no ano em que meu irmão famoso saiu da banda Legião Urbana.

Fiquei morando no Rio de Janeiro em uma fazenda em município de Mendes durante um ano quando retornei para Brasília para ser chefe da Informática do governo do Distrito Federal na empresa Serviço de Limpeza Urbana, no governo do petista eleito para ser governador do Distrito Federal o reitor da UnB Universidade de Brasília Cristóvam Buarque, primo do Arquiteto que projetou os monumentos arquitetônicos principais da praça do Três Poderes Oscar Niemeyer.

Estudei na Universidade de Brasília, onde cursei Estatística, Química, Engenharia Elétrica, e Ciência Política desde o ano de 1979, concluindo o curso de Ciência Política e Mestrado em Ciência Política em 2000.

Fui técnico de Planejamento e Pesquisa Sócio-Econômica do IPEA onde assessorei o presidente da república Fernando Henrique Cardoso como era o estabelecido no estatuto de constituição do IPEA que é assessorar ao presidente da república e seu vice, todos os ministros de Estado.

Fui professor universitário em UnB, Universidade de Brasília, fui professor na faculdade de Direito da IESB, fui professor de mais de 20 disciplinas diversas na faculdade UNEB, fui professor de informática na faculdade Michelângelo, fui professor temporário de Química e de Física nas escolas de ensino Médio ou ensino Básico em Brasília no bairro Lago Sul, e na cidade goiana de Águas Lindas de Goiás nas escolas Princesa Daiane e na escola Paulo Freire.

Fui co-fundador do partido dos trabalhadores sede de Brasília, co-fundador da CUT em Brasília e do Sindicato dos Trabalhadores do Serviço Público em Brasília Sindsep, e da Confederação Nacional dos Servidores Federais CONDSEF.

Comecei a minha vida profissional na Câmara dos Deputados Federais no gabinete do deputado federal pelo Rio de Janeiro Eduardo Galil, depois no SERPRO como programador de computador, depois fui trabalhar através de concurso público onde passei em primeiro lugar na FNS Fundação Nacional de Saúde como programador de computador, depois de uma passagem pelo Senado Federal como estagiário de programação fui trabalhar como programador no CNPQ Conselho Nacional de Pesquisa

Científica, e depois convidado para trabalhar na CODEVASF Companhia de Desenvolvimento do Vale do rio São Francisco.

Depois trabalhar no SLU DF fui aprovado no concurso público para programador de computador no TST Tribunal Superior do Trabalho, e daí fui concursado para o IPEA.

Casei com Maria Eliene em outubro de 1980 com quem tive duas filhas Suzan em 1981 e Ellen em 1983 e me divorciei em 1985 ficando solteiro até o ano de 1995 quando conheci Izailda da Silva baiana nascida na divisa com Pernambuco em Jequié / Petrolina, tive três filhos e adotei uma menina, então nasceu em 1996 o primeiro varão que se chama Alberto da Silva Rocha, depois nasceu outro varão batizado de Roberto Jefferson, e depois de separado nasceu a filha Izabela Christina e o nome da menina adotada legalmente é Lorraine Brigitte.

Depois desta união estável fui morar em Vitória Espírito Santo depois de me separar da última Esposa com quem casei no cartório, Marenilde -, 30 anos e três filhos - que com três dias de casada nos separamos e voltei para a casa da minha mãe em 2005, para me separar definitivamente em 2010, quando retornei da cidade de Vitória para Brasília, onde ingressei no Governo do Distrito Federal como assessor do Secretário das Cidades como assessor para o programa do Orçamento Participativo, quando retornei ao IPEA por ordem judicial de reintegração ao serviço público do qual fui afastado por não concordar em participar do projeto socialista do presidente FHC em 2000.

Atualmente me encontro aposentado pelo INSS aguardando o julgamento do pedido de Rescisória do presidente do IPEA que irresignado a aceitar a derrota judicial contra a minha exoneração pela segunda vez do IPEA em 2015 depois do ato de reintegração judicial em 2013.

Depois de 16 anos de convivência em relação estável com Rayane Santos desde o ano de 2006 me mudei para a cidade de Itajaí em Santa Catarina onde resido com meu filho Alberto e minha ex nora Francielle Bueno desde dezembro de 2020 durante a crise da epidemia de CV19 onde em Brasília nos últimos dois anos trabalhei como professor de Matemática em uma escola particular em bairro de Recanto das Emas na escola Supera. E fui corretor de imóveis da construtora e incorporadora Imobiliária Direcional.

Meus pais são mortos, meu pai morreu como advogado aos 93 anos de idade, e minha mãe morreu com 89 anos de idade, meu irmão caçula morreu de enfarto conforme a mídia mostrou nos jornais por overdose de drogas, e meu irmão mais velho morreu em virtude de doença degenerativa artrose.

Último show de Negrete no ginásio Nilson Nelson, ou, Mané Garrincha, ou arena BrB, não sabemos qual o registro atual destas praças no cartório de registros de imóveis do DF, cada gestão mudou o nome das praças e a categoria de edificação desde sua criação e reconstrução por duas vezes.

Lista de livros do autor na AMAZON

A Bolha da Engenharia no Brasil ASIN: B08XP9878L ASIN: B08ZBRK2Y2

A Concretude do Abstrato ASIN: B08XP8KXS7 ASIN: B08YNVH3BR

A Criação da Civilização Pela Mulher ASIN: B08XNZKKS3 ASIN: B0B9QM987T

A Era do Demônio ASIN: B08XN8LCHL ASIN: B08XLLF1W4

A Inteligência Emocional ASIN: B08XG58CDQ

A Magia ASIN: B09BK9F371 ASIN: B09BGF8VJ1

A Mentira e a Bíblia ASIN: B08XP2CRRT ASIN: B08XXVJTP3

A Revolta da Natureza ASIN: B08XK3B8C1 ASIN: B08Y4LKGJQ

A Revolução Pedagógica e Tecnológica ASIN: B08XP2XZGX ASIN: B095KQG8SK

Adolescentes: Criação desta Faixa Etária ASIN: B08XP41WYH ASIN: B08Y4FHRXX

Brasília e os Brasiliestinos: Subcultura ASIN: B08Y4T726L

Brazil: exremo centro ASIN: BODNBKHYPQ BODNHYYSS9

Brazil: extremo centro ASIN BODNBKHYPQ BODNHYYSS9

Capitatismo: Capitalismo Estatal na China ASIN: B08XNWRQW5 ASIN: B08Y5KRR45

Castas do Capitalismo ASIN: B08XP98QW4

Certo ou errado: BODLTJTWL6 BODLV38KLM

Certo ou errado? ASIN BODLTJTWL6 BODLV38KLM

Coletânea de Sociologia ASIN: B08XP2PNS8 ASIN: B08YQR3ZXY

Comércio Internacional ASIN: B08XP8N2CV ASIN: B08YHWZK7L

Como comer a sua esposa ASIN BOF9XMPW95 BOF9YNK72K

Como Treinar o seu Anjo da Guarda ASIN: B0BXVNSJ7V ASIN: B0BXMYJHJR ASIN: B0BXNJ8X1L

Conferência Mundial dos Povos ASIN: B08XJY4F31 ASIN: B08ZQ7NDW4

Conglobado e Societarismo: Sistemismo ASIN: B08XP2GKPP ASIN: B08Y49J31D

Convergência Bíblica ASIN: B08XNZKKFG ASIN: B08XZDTDHM

Crítica da Razão Majoritária ASIN: B08XP3P2BS

Crônica de Nosso Tempo Número 026 ASIN: B0B9ZLVMJN ASIN: B0BB1HJ46Z ASIN: B0B9WCT29K

Crônica de Nosso Tempo Número 27 ASIN: B0BB113HJM ASIN: B0B9R2FMZ4 ASIN: B0B9QLTHX8

Crônicas de Nosso Tempo 001 ASIN: B0B8K6YJV9 ASIN: B0B8C8WHPN ASIN: B0B8BH2PZW

Crônicas de Nosso Tempo 004 ASIN: B0B8WL78GF ASIN: B0B8RJK4VC ASIN: B0B8VNQTSQ

Crônicas de Nosso Tempo 005 ASIN: B0B8WRGTPB ASIN: B0B8RCYBGM ASIN: B0B8XPFJ2W

Crônicas de Nosso Tempo Número 002 ASIN: B0B8MT7R82 ASIN: B0B92NT5D9 ASIN: B0B91QJ61K

Crônicas de Nosso Tempo Número 003 ASIN: B0B8TW9S69 ASIN: B0B8VFR8JW SIN: B0B92R8L27

Crônicas de Nosso Tempo Número 006 ASIN: B0B928WZSF ASIN: B0B925X3KC ASIN: B0B928VYSC

Crônicas de Nosso Tempo Número 007 ASIN: B0B94RHDNX ASIN: B0B95ZCCDN ASIN: B0B923ZKYT

Crônicas de Nosso Tempo Número 008 ASIN: B0B94Y7NKX ASIN: B0B92L8G8T ASIN: B0B92FYCRR

Crônicas de Nosso Tempo Número 009 ASIN: B0B963MBZS ASIN: B0B92RJJ9L ASIN: B0B92GL5L6

Crônicas de Nosso Tempo Número 010 ASIN: B0B96MGM5X ASIN: B0B92NT4BD SIN: B0B92TYHGR

Crônicas de Nosso Tempo Número 011 ASIN: B0B9JFQ7CQ ASIN: B0B92HPKRR ASIN: B0B92RBMMS

Crônicas de Nosso Tempo Número 012 ASIN: B0B9KFMMTF ASIN: B0B92V1RT1 ASIN: B0B92L88B2

Crônicas de Nosso Tempo Número 012 ASIN: B0B9KRQMDX ASIN: B0B92RBNNC ASIN: B0B92HCQFY

Crônicas de Nosso Tempo Número 013 ASIN: B0B9KQ7YSR ASIN: B0B92NT7KZ ASIN: B0B92NQ5TF

Crônicas de Nosso Tempo Número 014 SIN: B0B9NYCP73 ASIN: B0B9QTTHTW ASIN: B0B9PTXCSR

Crônicas de Nosso Tempo Número 015 ASIN: B0B9PLBSKM ASIN: B0B9R29G2T ASIN: B0B9QTH5YC

Crônicas de Nosso Tempo Número 016 ASIN: B0B9PZQNVV ASIN: B0B9QGYFWT ASIN: B0B9R31WWT

Crônicas de Nosso Tempo Número 018 ASIN: B0B9PWS3S5 ASIN: B0B9QY89F2 ASIN: B0B9QYBFTZ

Crônicas de Nosso Tempo Número 019 ASIN: B0B9RDLDP3 ASIN: B0B9S3D9QC ASIN: B0B9QTH6K4

Crônicas de Nosso Tempo Número 020 ASIN: B0B9R9LN6M ASIN: B0B9QRBDWQ SIN: B0B9QYPDWY

Crônicas de Nosso Tempo Número 021 ASIN: B0B9RDP5C1 ASIN: B0B9SQT4BP ASIN: B0B9S8HYC4

Crônicas de Nosso Tempo Número 022 ASIN: B0B9RCYRCZ ASIN: B0B9QM6P8G ASIN: B0B9STGHX9

Crônicas de Nosso Tempo Número 023 ASIN: B0B9QSV24Y ASIN: B0B9QRMJHG ASIN: B0B9SGDHFT

Crônicas de Nosso Tempo Número 024 ASIN: B0BB12HVPC ASIN: B0B9QYQPGC ASIN: B0BB1HJ4BC

Crônicas de Nosso Tempo Número 025 ASIN: B0BB14PPF7 ASIN: B0B9QS32S2 ASIN: B0B9YT3Y4P

Crônicas de Nosso Tempo Número 028 ASIN: B0BB47PPX5 ASIN: B0BB5DLG4B ASIN: B0BB5HW4Q4

Crônicas de Nosso Tempo Número 029 ASIN: B0BB54GMQ ASIN: B0BB5MCS5F ASIN: B0BB5KSWQH

Crônicas de Nosso Tempo Número 030 ASIN: B0BB5F2L31 ASIN: B0BB5KJV76 ASIN: B0BB5HBSX9

Crônicas de Nosso Tempo Número 23 ASIN: B0B9YS6J4C ASIN: B0B9QPYH7J ASIN: B0B9QPVFH5

Crônicas de Nosso Tempo Número 31 ASIN: B0BFCFSR8Z ASIN: B0BFFBTLB1 ASIN: B0BF6T5HXP

Crônicas de Nosso Tempo Número 32 ASIN: B0BQX5MYFR ASIN: B0BQXW296T ASIN: B0BQY1Q1HR

Crônicas de Nosso Tempo Número 33 ASIN: B0CBJ5RCDJ ASIN: B0C9SF6FVC ASIN: B0C9SNG71G

Crônicas de Nosso Tempo Número 34 ASIN BOCNYMSK3A ASIN: BOCNYZN5ZP

Crônicas de nosso tempo número 35 ASIN BDWVVK25L BODWXRQYWQ

Crônicas Publicadas: Jornal Correio Braziliense ASIN: B08XP3WFJ1 ASIN: B08YCXPH2X

Cruztianismo: Temas Diversos ASIN: B08XP26RDS ASIN: B08XY7TCPH

Democracia: Democracia Antiga e Contemporânea ASIN: B08XP2FPHV ASIN: B09161XXPC

Deus ASIN BOFCWG2LPL BOFCZYVGT26 BOFCYQ46CZ

Digital Pandemic: New Normal ASIN: B096Z7RHS9 ASIN: B096TN97X1

Disjunção do Sujeito no Processo Judicial ASIN: B08XP2Z8S3 ASIN: B08YFD49VT

Divisão Social do Trabalho Social ASIN: B08XP6W2GP

Dossier da Campanha Eleitoral 2015 ASIN: B08XPKY182 ASIN: B08YDDV21F

É a Ética, Estúpido! ASIN: B08XP8JZKN ASIN: B08YDS1861

Ecologia e Eurocentrismo ASIN: B08XP8RHF6 ASIN: B08YQMBVRG

Educação: Ideologia e Hegemonia ASIN: B08XGQDBF1 ASIN: B08YDDV1SJ

Embargo Comercial e Sansões Econômicas ASIN: B08XPKPTXV ASIN: B08Y49Y77J

Ensaios de Matemática-Física ASIN: B08XPKMGWD ASIN: B08YNVH3Y1

Eurocentrismo e Subdesenvolvimentismo ASIN: B08XP8YCKY ASIN: B08YNHY2HJ

Existe a força ou o campo gravitacional? ASIN BOFHYM9PRN BOFJ8NMYL9

Física: Livro de Ensaios ASIN: B08XJS98Z9 ASIN: B08YP9NRMY

Friendly Society Sistemism and Societarism ASIN: B0B9T6HCW2 ASIN: B09RG1CSYH ASIN: B0B9QPVD9N

Friendly Society: Systemism ASIN: B09RJYTPQK ASIN: B09RLRHHXQ ASIN: B09RP7R36Y

Gearquia; O Governo do Gelo ASIN: B08XNZH5DT ASIN: B08YF4ZC1R

Greve dos Homens: Homens Deveriam não ASIN: B09R1ZN3PL ASIN: B09R3DHBZB ASIN: B09R3HPJRV

Guia da Juventude: ASIN BOCN94VCCZ BOCN9TD2SN BOCN9LRRDN

Ideologia Feminista ASIN: B08XKLZZVB ASIN: B08Y4RQHLJ

Livro Religioso Bíblico: Fenomenologia da Religião ASIN: B08XH5XVJW ASIN: B08Y49S64D

Livros Religiosos: Eva, a Libertadora ASIN: B08XP281JP ASIN: B08Z3M2Z9Q

Manual de Campanha Eleitoral ASIN: B08XPNNQS4 ASIN: B08Y49Z457

Manual do Orçamento Participativo no DF ASIN: B08XP2RTNX ASIN: B08Y3LFLKP

Manual do Relações Públicas ASIN: B08XPJ495C ASIN: B08YQCQ2V9

Maria da Penha: Lei 11340 ASIN: B08XN9G97K ASIN: B09S232D96

Maria da Penha's Law 11340 of Brazil **A**SIN: B09742WKC1 ASIN: B096TRSXMF

Marketing Político: Dissertação de Mestrado ASIN: B08XP2FC2D ASIN: B08Y4LBNX1

Marketing: Manual Prático de Trabalho ASIN: B08XP2LRZL ASIN: B08YQMCHL6

Mensalão: Corrupção em Escala Industrial ASIN: B08XP2VPGK

Methuen: Tratado da Revolução Industrial ASIN: B08XP29GBD ASIN: B08YS62Z67

Meu Irmão Billy ASIN: B09CMBYD13 ASIN: B09CRL4RYM ASIN: B09TMT9BSK

Meu Irmão Billy: Versão de Bolso ASIN: B09DB5HWK6 ASIN: B09CRTRD9P

Micro e Macro: Economia Politicamente Parametrizada ASIN: B08XP1VQ28 ASIN: B08YQCP6YJ

Mini ciclo Administrativo ASIN: B08XP354KL ASIN: B08Y4LD215

O Bode de Ibirapitanga ASIN: B09QJ9WX7K ASIN: B09QFC6MQS ASIN: B09RWJ56PR

O Capitalismo: O Capitalismo como Sistema ASIN: B0BGWX1MZ1 ASIN: B0BGSP55VT ASIN: B0BGN8YBN2

O Cérebro Humano Segundo a Inteligência Artificial ASIN: B08XP8PMKF ASIN: B08Z83VDYF

O Fim da Humanidade: O Risco Antrópico ASIN: B09Q7XNHZQ ASIN: B09Q94KNRP ASIN: B09S664X4S

O Fim do Japão ASIN: B0B4RCM3D6 ASIN: B0B45PQ1YQ ASIN: B0B4QT9J16

O Paradoxo da Vontade de Deus ASIN: B08XP2SKM9 ASIN: B08XS9ZKTL

Opções Tecnológicas Para o Brasil SIN: B08XP6ND5X ASIN: B08YNRZLWT

Pandemia Digital: Novo Normal ASIN: B08ZSLX8KS ASIN: B08XN7HX8D

Pandemia Digital: Novo Normal SIN: B08XHSDXXX ASIN: B08Y6546YP

Papaduck: Festa de Papaduck ASIN: B09PBZZ5M9 SIN: B09PM77ZRX

Participacionismo no Distrito Federal ASIN: B08XP2NBGZ ASIN: B0916443JF

PIX: a Gênesis ASIN: B08XN1N9LD ASIN: B08XL9QHGW

Poesias Líricas ASIN: B08XP7J7QY

Porquê Brasília Odeia os Brasiliestinos ASIN: B08XP2KBF4 ASIN: B09SBVCB7Y ASIN: B09SBRGH29

Quinhentos Quiz de História Contemporânea ASIN: B0B4PWCBY3 ASIN: B0B4NRLJ6 ASIN: B0B434ZV1R

Reserva de Mercado e Política Industrial ASIN: B08XP7PKM9 ASIN: B08Y49YB5S

Responsabilidade Social: Projeto Piloto ASIN: B08XP3ZK21 ASIN: B08YQR61Q6

Revolução Pedagógica: Antropologia ASIN: B08XPK2DGX ASIN: B08Y3XFW7C

Robertina, a Baratinha Filósofa ASIN: B0B4XXTW3X ASIN: B0B4HDP7W7 ASIN: B0B4SPLPXM

Sociodinâmica: Construção de Sociedade ASIN: B08XP1PC5Y ASIN: B08Y4LD87F

Taxas de Câmbio em Ciclos de Regime ASIN: B08XP8R6BD ASIN: B08Y4FJDQS

Teoria da Inteligência Artificial ASIN BOFGVQYJW3 BOFH2H4GCV BOFGW6Q99K

Teoria do Orçamento Participativo ASIN: B08XPL1QFP ASIN: B08Y3XFSB7

The Lie and the Holy Bible ASIN: B097S4WX34 ASIN: B097SLXSY7

Um Modelo de Desenvolvimento para os BRICS ASIN: B08YJMNVZR ASIN: B08YJ4D57F

www.ingramcontent.com/pod-product-compliance
Ingram Content Group UK Ltd.
Pitfield, Milton Keynes, MK11 3LW, UK
UKHW061829190726
13853UKWH00009B/2512

9 798461 840020